DAS BONIFATIUS-SAKRAMENTAR

TEXTUS PATRISTICI ET LITURGICI

quos edidit Institutum Liturgicum Ratisbonense

Fasc. 12

KLAUS GAMBER

DAS BONIFATIUS-SAKRAMENTAR

und weitere frühe Liturgiebücher aus Regensburg

mit vollständigem Facsimile der erhaltenen Blätter

KOMMISSIONS-VERLAG
FRIEDRICH PUSTET REGENSBURG

Mit kirchlicher Druckerlaubnis

Gedruckt mit Unterstützung
des Bischöflichen Stuhles von Regensburg

© 1975 by Friedrich Pustet Regensburg
Gesamtherstellung Friedrich Pustet
Printed in Germany
ISBN 3-7917-0338-2 (Gesamtreihe)
ISBN 3-7917-0455-9

Vorwort

Die ältesten Regensburger Liturgiedenkmäler beschäftigen mich seit mehr als 20 Jahren. Sie hätten schon damals das Thema für meine Dissertation abgeben sollen. Es war gut, daß ich diese Arbeit seinerzeit nicht abgeschlossen habe. Inzwischen sind nämlich mehrere höchst interessante Neufunde, wie das 3. Doppelblatt des Bonifatius-Sakramentars, gemacht worden und zahlreiche Studien erschienen, sodaß es heute erst angebracht erscheint, an eine übersichtliche Darstellung all dieser Dokumente zu gehen.

Es wurde dabei Wert darauf gelegt, daß die teilweise recht spröde Materie so dargeboten wird, daß sie auch dem Nicht-Fachmann verständlich und interessant erscheint, besonders dem für die Heimatgeschichte Interessierten, ohne daß dabei der wissenschaftliche Charakter der Untersuchung leidet.

Vollständigkeit wurde nicht angestrebt; es muß dabei auf die Einzeluntersuchungen verwiesen werden. Hier wurde nur das gebracht, was zum Verständnis des ganzen unbedingt notwendig war, um nicht in den Fehler so mancher der neueren Editionen zu verfallen, die maßlos mit Fakten aufgebläht sind, die für den Fachmann nichts oder nur wenig Neues bieten und für den Nicht-Fachmann unverständlich bleiben.

Für Mithilfe bin ich Frau Sieghild Müller-Rehle, der Assistentin im Liturgiewissenschaftlichen Institut Regensburg, zu Dank verpflichtet, ebenso Msgr. Dr. Paul Mai, dem Direktor des Bischöfl. Zentralarchivs und der Zentralbibliothek. Nicht zuletzt gilt mein Dank Seiner Exzellenz, dem Hochwürdigsten Herrn Bischof Dr. Rudolf Graber, dem dieses Buch gewidmet ist.

Regensburg, den 6. Februar 1975   Klaus Gamber

Einleitung

Älteste Liturgiebücher der Regensburger Kirche

Bevor wir das kostbarste Stück der frühen Regensburger Liturgiebücher, das Bonifatius-Sakramentar, behandeln und die noch vorhandenen Bruchstücke vollständig edieren, sollen zuerst alle erhaltenen Liturgiebücher der Regensburger Kirche aus der Agilolfinger- und Karolingerzeit (bis 911) im Zusammenhang vorgestellt werden.

Aus keiner anderen Bischofsstadt sind vom 8. Jh. an und zwar aus allen Jahrhunderten so zahlreiche liturgische Dokumente auf uns gekommen wie aus Regensburg[1]. Besonders beachtlich ist dabei die reiche handschriftliche Überlieferung aus dem 8. und 9. Jh.[1a]. Bis auf drei kleine Fragmente, die sich im Bischöflichen Zentralarchiv befinden, wird keines dieser älteren Zeugnisse heute mehr in Regensburg selbst aufbewahrt[2]. Um sie zu Gesicht zu bekommen, muß man weite Teile Europas bereisen und zahlreiche Bibliotheken aufsuchen.

Die Bedeutung dieser Liturgiebücher liegt nicht nur, wie man meinen könnte, auf liturgiegeschichtlichem Gebiet; auch der Historiker kann an ihnen nicht vorbeigehen, da es sich um die ältesten handschriftlichen Dokumente der für die Frühzeit an Quellen armen bayerischen Geschichte handelt und dadurch die kulturellen Beziehungen und Abhängigkeiten in besonderem Maße deutlich werden[2a].

[1] Es sind höchstens 2 Promille des gesamten Bestandes an abendländischen Liturgiebüchern des 1. Jahrtausends auf uns gekommen. Die erhaltenen Handschriften und Fragmente sind erfaßt in dem Werk von K. Gamber, Codices liturgici latini antiquiores, 2 Bde (= Spicilegii Friburgensis Subsidia 1, 2. Aufl. Freiburg/Schweiz 1968), im folgenden »CLLA« abgekürzt.

[1a] Grundlegend sind folgende Werke: B. Bischoff, Die südostdeutschen Schreibschulen und Bibliotheken in der Karolingerzeit, Teil 1: Die bayerischen Diözesen (2. Aufl. Wiesbaden 1960), im folgenden »Bischoff, Schreibschulen« abgekürzt, und E.A. Lowe, Codices latini antiquiores. A palaeographical guide to Latin manuscripts prior to the Ninth Century, 12 Bde (Oxford 1934–71), im folgenden »Lowe, CLA« abgekürzt.

[2] Noch Ende des 10. Jh. befanden sich allein in der Klosterbibliothek von St. Emmeram »missales 19, lectionarii 3, epistolares 4, gradales 8, antiphonarii 8«; vgl. F. Janner, Geschichte der Bischöfe von Regensburg I (Regensburg 1883) 417.

[2a] Allgemein zu diesem Thema: E. Dünninger, Die christliche Frühzeit Bayerns (München 1966) mit weiterer Literatur S. 111–114.

1. Das irische Sakramentar von St. Emmeram

Ein direktes Zeugnis für die irische Mission im süddeutschen Raum bildet eine Palimpsest-Handschrift, die wahrscheinlich noch im 7., spätestens aber an der Wende zum 8. Jh. und zwar, wie die typisch irische Majuskel zeigt, in Irland entstanden ist[3]. Es handelt sich bei ihr um ein Sakramentar (Meßbuch) mit Formularen für die Feste des Jahres, beginnend mit der Vigil von Weihnachten (der Advent fehlt noch). Die Erstbeschriftung der Pergamentblätter unseres Codex wurde in der Mitte des 9. Jh. abgeschabt und von einem Mönch aus St. Emmeram mit einem »Liber glossarum« neu beschrieben[4]. Bis zur Säkularisation hat das Kloster St. Emmeram diese Handschrift mit den getilgten irischen Sakramentarblättern unter der Signatur E 20 aufbewahrt. Heute liegt sie in der Bayerischen Staatsbibliothek in München (Signatur: Clm 14397).

Eine liturgische Verwendung der Erstschrift in Regensburg läßt sich zwar nicht mehr mit Sicherheit nachweisen, sie ist jedoch durchaus möglich, da es ein Mönch aus St. Emmeram war, der den alten Codex abgeschabt und neu beschrieben hat[5]. Übrigens läßt sich auch für die Gegend von Würzburg ein solches irisches Meßbuch nachweisen. Von diesem besitzen wir noch zwei ebenfalls palimpsestierte Blätter, die, soweit ersichtlich, den gleichen Text wie der St. Emmeramer Codex zeigen. Sie befinden sich jetzt im M. p. th. f. 61 (foll. 21 und 24) der Universitätsbibliothek von Würzburg[6].

Vom Regensburger irischen Sakramentar sind relativ viele,

---

[3] Vgl. Lowe, CLA IX Nr. 1298; CLLA Nr. 211. – Ein indirektes Zeugnis für die wenigstens zeitweise Verwendung der irischen Liturgie im süddeutschen Raum scheint eine Oration aus dem (irischen) Stowe-Missale zu sein, die sich in einem Salzburger Formelbuch des 9. Jh. findet; vgl. B. Bischoff, Salzburger Formelbücher und Briefe aus Tassilonischer und Karolingischer Zeit (= Bayer. Akademie d. W., phil.-hist. Klasse, Sitzungsberichte, München 1973, Heft 4) 52.

[4] Vgl. G. Götz, Der Liber Glossarum (= Abhandl. d. kgl. S. Gesellschaft d. W., Phil.-Hist. Klasse 13, Leipzig 1891).

[5] Vgl. Bischoff, Schreibschulen 243 f.

[6] Vgl. CLLA Nr. 216 S. 166. Es handelt sich um ein Martinus-Formular. Eine Edition ist vorgesehen.

nämlich 82 Blätter, erhalten und nach ihrer Schabung für den »Liber glossarum« verwendet worden. Diese stellen mehr als die Hälfte des Blattbestandes des ehemaligen Liturgiebuchs dar. Bei ihrer Wiederbeschriftung sind die einzelnen Blätter verständlicherweise nicht mehr in der ursprünglichen Ordnung in den neuen Codex eingereiht worden. Doch ist es den Herausgebern, Alban Dold und Leo Eizenhöfer gelungen, diese wieder herzustellen, wenn auch wegen der teilweise starken Schabung und der eng geschriebenen Zweitschrift nicht mehr alle Seiten vollständig entziffert werden konnten[7].

Unser Liturgiebuch gehört zur älteren Gruppe der gallikanischen Sakramentare, eines vielleicht noch im 4. Jh. in Gallien ausgebildeten Meßbuchtypus, der sich schon bald bis nach Irland, Spanien und Oberitalien ausgebreitet hat[8]. Der gallikanische Ritus war in der Agilolfinger Zeit auch in Bayern üblich[9]; er wurde erst bei der Neugründung der bayerischen Diözesen durch den hl. Bonifatius i. J. 739 endgültig abgeschafft. Da der Palimpsest-Codex vor oder gegen 700 in Irland geschrieben und im 9. Jh. abgeschabt worden ist, könnte er frühestens zu Beginn des 8. Jh. durch irische Missionare nach Regensburg gekommen sein und hier zur Feier der Messe nach gallikanisch-irischem Ritus gedient haben. Leider wissen wir darüber nichts Näheres.

Ein weiteres Dokument, das möglicherweise durch irische Missionare nach Regensburg gekommen war, wird am Schluß des folgenden Kapitels erwähnt und im 2. Teil der Arbeit ediert werden.

---

[7] A. Dold – L. Eizenhöfer, Das irische Palimpsestsakramentar im Clm 14429 der Staatsbibliothek München (= Texte und Arbeiten, Heft 53/54, Beuron 1964).

[8] Er geht vielleicht auf Hilarius von Poitiers († 367) zurück; vgl. K. Gamber, Der Liber mysteriorum des Hilarius von Poitiers, in: Studia Patristica V (= Texte und Untersuchungen, Band 80, Berlin 1962) 40–49.

[9] Vgl. K. Gamber, Der Ordo antiquus gallicanus. Der gallikanische Meßritus des 6. Jh. (= Textus patristici et liturgici, fasc. 3, Regensburg 1965) vor allem 10–12, 52; idem, Die Meßfeier im Herzogtum der Agilolfinger im 6. und 7. Jh., in: Beiträge zur Geschichte des Bistums Regensburg VIII (1974) 45–51.

2. Das Regensburger Bonifatius-Sakramentar

Ist die liturgische Verwendung des eben besprochenen irischen Meßbuchs in Regensburg nicht ganz gesichert, so bestehen in dieser Hinsicht beim folgenden Dokument keine Zweifel. Es handelt sich um drei Doppelblätter eines Sakramentars aus der 1. Hälfte des 8. Jh., das ehedem der Bibliothek des Regensburger Hochstifts gehört hat[10]. Der Codex wurde erst in der Neuzeit ausgeschieden und seine Pergamentblätter zum Einbinden von Archivalien des Domkapitels verwendet.

Hätte man seinerzeit den alten Codex nicht einer so unwürdigen Verwendung zugeführt, besäße heute Regensburg eine kostbare Reliquie des hl. Bonifatius. Dieser Codex war nämlich, wie wir annehmen dürfen, nichts anderes als das Meßbuch, das Bonifatius bei der Neugründung der Diözese hier zurückgelassen oder unmittelbar danach dem von ihm eingesetzten Bischof Gaubald (739–761) übersandt hat[11].

Einige Bücher aus der Bibliothek des Heiligen konnten glücklicherweise die Stürme der Zeit überstehen. So wird heute noch in Fulda das Buch aufbewahrt, das Bonifatius bei seiner Ermordung durch heidnische Friesen schützend vor sein Haupt hielt. Der Codex, ehedem ein Geschenk der langobardischen Königin Ragyndrudis, ist durch mehrere mit einer scharfen Waffe geführten Schläge zerschnitten. Ebenfalls wird in Fulda eine Handschrift mit einer Evangelienharmonie und den Paulusbriefen verwahrt. Dieser Codex hatte Bonifatius auf seinen Missions-

---

[10] Vgl. CLLA Nr. 412 S. 233. Die Fragmente sind herausgegeben von P. Siffrin, Das Walderdorffer Kalendarfragment saec. VIII und die Berliner Blätter eines Sakramentars aus Regensburg, in: Ephem. liturgicae 47 (1933) 201–224; idem, Zwei Blätter eines Sakramentars in irischer Schrift des 8. Jh. aus Regensburg, in: Jahrbuch für Liturgiewissenschaft 10 (1930) 1–39; idem, in: L.C. Mohlberg, Missale Francorum (Roma 1957) 71–85 (mit Facs. auf Tafel VI); vgl. Lowe, CLA VIII Nr. 1052. Zum neu aufgefundenen 3. Doppelblatt vgl. K. Gamber, Das Regensburger Fragment eines Bonifatius-Sakramentars. Ein neuer Zeuge des vorgregorianischen Meßkanons, in: Rev. bénéd. 85 (1975) 266–302.

[11] Vgl. H. Frank, Die Briefe des hl. Bonifatius und das von ihm benutzte Sakramentar, in: Sankt Bonifatius. Gedenkgabe zum zwölfhundertjährigen Todestag (Fulda 1954) 58–88.

11

reisen begleitet und war von ihm in seiner Lieblingsgründung, dem Kloster Fulda, zurückgelassen worden[12].

Von einem zweiten Liturgiebuch aus der angelsächsischen Mission in Bayern ist ebenfalls nur mehr ein Fragment und zwar ein Blatt des Kalendars erhalten[13]. Weitere kleine Reste unseres angelsächsischen Sakramentar-Typus befinden sich in Paris, London, Basel und in der Stiftsbibliothek von St. Paul in Kärnten[14]. Vielleicht ebenfalls zum gleichen Typus, und nicht zur irischen Liturgie, gehört ein kleines Fragment eines Liturgiebuchs in irischer Schrift, das aus der Regensburger Handschrift Clm 14747 ausgelöst wurde (jetzt Clm 29163a). Das beschnittene Einzelblatt beinhaltet Teile des Beerdigungsritus[15].

Im zweiten Teil der Arbeit wird eingehend auf dieses Fragment sowie auf die noch vorhandenen Blätter des Bonifatius-Sakramentars eingegangen. Es wird eine Edition aller dieser Reste vorgenommen. Unberücksichtigt bleibt nur ein kleines Bruchstück eines in angelsächsischer Schrift geschriebenen Lektionars aus der Zeit bald nach 800, das in Regensburg liturgisch verwendet worden ist und auf das hier nur kurz verwiesen sein soll[16].

3. Das Tassilo-Sakramentar in Prag

Aus der Zeit Tassilos III, des letzten der Agilolfinger-Herzöge, besitzen wir den im langobardischen Stil reich ausgestatteten Tassilo-Kelch. Diesen hat der Herzog den von ihm i. J. 777 ge-

[12] Vgl. Lowe, CLA VIII Nr. 1196/97; CLLA Nr. 401.
[13] Vgl. R. Bauerreiß, Ein angelsächsisches Kalendarfragment, in: Studien und Mitteilungen OSB 51 (1933) 177–182; P. Grosjean, Un fragment d'obituaire anglosaxon, in: Analecta Bollandiana 79 (1961) 320–345; Bischoff, Schreibschulen 167; Lowe, CLA IX Nr 1236; CLLA Nr. 413 S. 234.
[14] Vgl. K. Gamber, Das altkampanische Sakramentar. Neue Fragmente in angelsächsischer Überlieferung, in: Revue bénédictine 79 (1969) 329–342; idem, Das Basler Fragment. Eine weitere Studie zum altkampanischen Sakramentar und zu dessen Präfationen, ebd. 81 (1971) 14–29; CLLA Nr. 410–417.
[15] Vgl. K. Gamber, Das altkampanische Sakramentar 339–341; CLLA Nr. 107; Lowe, CLA Suppl. Nr. 1797.
[16] Vgl. K. Gamber, Fragmente zweier Lektionare aus dem 8./9. Jh. in angelsächsischer Schrift, in: Rev. bénéd. 83 (1973) 432–436, hier 435f.; Bischoff, Schreibschulen 236; CLLA Nr. 1240e.

stifteten Kloster Kremsmünster geschenkt[17]. Außer dem Tassilo-Kelch erinnert noch ein Sakramentar an die Zeit dieses Herzogs, das sog. Prager Sakramentar, eine jetzt in der Bibliothek des Prager Metropolitankapitels aufbewahrte Handschrift (Cod. o 83)[18]. Sie ist in den letzten Regierungsjahren Tassilos in Regensburg unter Bischof Sintbert (768–791) angefertigt worden[19]. Als eine etwas spätere Hand vor 794 die Namen der im Canon offiziell zu nennenden Personen, die sog. Nota historica, eintrug, bekamen den ersten Platz unter den Lebenden König Karl, dann seine Gemahlin Fastrad († 794), seine Kinder Pippin, Ludwig und Rotraud, denen unmittelbar der Name des Regensburger Bischofs Adalwin (792–816) folgt. Bischof Sintbert († 791) steht bereits unter den Toten und zwar an zweiter Stelle nach einem gewissen Perchtuni[20].

Da unter den Lebenden auch die Namen der Bischöfe Atto von Freising, Arn von Salzburg, Alim von Säben und Odalhart von Neuburg (im Staffelsee) verzeichnet erscheinen, ist durchaus anzunehmen, daß dieser Eintrag bei einem feierlichen Anlaß geschehen ist, wobei die genannten Bischöfe in Regensburg anwesend waren, möglicherweise bei der Reichsversammlung im Frühjahr 792, als die Irrlehre des Bischof Felix verurteilt wurde. Adalwin war damals gerade Bischof von Regensburg geworden[20a].

Herzog Tassilo fehlt in diesem Verzeichnis, wie man sich denken kann. Sein Name wurde im Canon nun nicht mehr offiziell erwähnt, da seinen Platz König Karl eingenommen hatte[21].

---

[17] Vgl. G. Haseloff, Der Tassilo-Kelch (=Münchener Beiträge zur Vor- und Frühgeschichte 1, München 1951); P. Stollenmayer, Der Tassilokelch (Wels 1949); idem, Tassilo-Leuchter, Tassilo-Zepter (Wels 1959).

[18] Herausgegeben von A. Dold – L. Eizenhöfer, Das Prager Sakramentar, Bd. I Lichtbildausgabe (Beuron 1944); Bd. II Prolegomena und Textausgabe (=Texte und Arbeiten 38/42, Beuron 1949).

[19] Vgl. Lowe, CLA X Nr. 1563/64; K. Gamber, Das Tassilo-Sakramentar, in: Münchener Theol. Zeitschrift 12 (1961) 205–209.

[20] Vgl. R. Bauerreiß, in: Dold – Eizenhöfer, Das Prager Sakramentar II, 22–23.

[20a] Zur Reichsversammlung vgl. P. Schmid, Die Regensburger Reichsversammlungen im Mittelalter, in: Verhandlungen des hist. Vereins für Oberpfalz und Regensburg (=VO) 112 (1972) 31–130, hier 38–42; F. Janner, Geschichte der Bischöfe von Regensburg I (Regensburg 1883) 130 ff.

[21] Vgl. Dold – Eizenhöfer a. a. O. 18–19. Ein ähnliches Namensverzeichnis am Schluß des Clm 14655; vgl. Bischoff, Schreibschulen 175, Anm. 2.

13

Vielleicht handelt es sich jedoch bei dem Namen »Cotani«, der unter den Toten steht, um die Tochter Tassilos.

Außer den erwähnten Bischofsnamen weisen noch andere Tatsachen auf die Entstehung unseres Liturgiebuchs in Regensburg hin, so das Formular für die »Translatio sancti Martini« am 4. Juli, das sonst nicht bekannt ist, sich jedoch in zwei Regensburger Meßbüchern des 10. Jh. findet[22]. Im Tassilo-Sakramentar finden wir am 11. November, dem Martinsfest selbst, zwei Meßformulare, ein jüngeres aus dem gregorianischen Meßbuch entnommen und ein altertümliches, das deutlich gallischen Ursprung verrät, da es mit dem Martinsformular im gallikanischen »Missale Gothicum«, eines in der Gegend von Tours beheimateten Sakramentar-Typus, übereinstimmt[23]. Es lautet anders als das Martins-Formular im oben behandelten irischen Meßbuch.

Es muß demnach außer diesem durch die irische Mission nach Süddeutschland gebrachten Liturgiebuch noch ein weiteres gallikanisches Sakramentar in Regensburg in Gebrauch gewesen sein, das aus der Gegend von Tours stammt und dem genannten »Missale Gothicum« ähnlich war. Wir kennen die Namen zweier fränkischer Missionare, die im 7. Jh. an den Hof des Herzogs Theodo gekommen waren, die (Abt-)Bischöfe Emmeram und Rupert[24]. Von ihnen könnte das gallikanische Liturgiebuch stammen, das als Vorlage für unsere Martinsmesse gedient hat, wie auch die Martinsverehrung in Regensburg sicher auf die fränkische Mission zurückgeht.

Im Tassilo-Sakramentar findet sich als ein weiteres Eigenfest das des heiligen Zeno am 8. Dezember. Wie andernorts nachge-

---

[22] Es handelt sich um die am Schluß kurz zu erwähnenden Cod. Veronensis 87 und Cod. Vat. lat. 3806; vgl. Dold – Eizenhöfer 26 Fußnote 1; vgl. auch unten Appendix II.

[23] Zum »Missale Gothicum« vgl. CLLA Nr. 210 S. 161. Es steht hier an hervorragender Stelle zu Beginn des Sonntagsmessen-Libellus; vgl. die Ausgabe von L.C. Mohlberg, Missale Gothicum (Roma 1961) 112–113; Dold – Eizenhöfer, Formular Nr. 206.

[24] Zur Rupertus-Frage vgl. neuerdings K. Gamber – M. Schellhorn, Ein Salzburger Sakramentarfragment des 10. Jh. mit zwei Rupertus-Messen, in: Heiliger Dienst 15 (1961) 86–96. Möglicherweise kommt Rupertus aus Marmoutiers. Dieses Kloster war bis zur Verwüstung durch die Normannen i. J. 853 Pflanzschule vieler fränkischer Bischöfe. Es handelt sich um eine Gründung des hl. Martin.

wiesen werden konnte, kommt das altertümliche, im gallikanischen Gebetsstil gehaltene und daher sicher vor dem Jahr 700 stammende Zeno-Formular in dieser Fassung nur noch in den beiden oben genannten jüngeren Regensburger Meßbüchern und in einem Meßbuch des Zenoklosters in Verona vor[25]. Die Verehrung des Veroneser Heiligen dürfte auf besondere Beziehungen zu Verona zurückgehen, wie überhaupt Zeno-Kirchen sich zahlreich auf dem Weg von Verona nach Regensburg finden[26]. Eine weitere Eigenmesse unseres Sakramentars ist die des heiligen Georg am 24. April. Das Formular, das sonst nirgends vorkommt, hat formal Ähnlichkeit mit dem des heiligen Zeno, was auf ein hohes Alter hinweist. Bekanntlich war die Emmeramskirche in Regensburg ursprünglich dem heiligen Georg geweiht; auch an der Nordostecke der Stadtmauer, in der Nähe des Herzogshofs, stand einst eine Georgskirche.

Was nun den Ort der Entstehung unserer Handschrift betrifft, so ist diese nach Meinung von B. Bischoff nicht in der Schreibschule von St. Emmeram geschrieben, sondern in einem bisher paläographisch nicht nachweisbaren bayerischen Skriptorium. Dieses muß aber nach all dem Gesagten in Regensburg selbst zu suchen sein. B. Bischoff denkt daher an die herzogliche Pfalz als Entstehungsort unseres Sakramentars[27], für deren Gottesdienst es vermutlich auch bestimmt war.

Durch diese Annahme ergeben sich noch weitere interessante Zusammenhänge. Im Tassilo-Sakramentar ist das Fest des hl. Johannes des Täufers durch eine großangelegte Initiale und eine verzierte Überschrift ausgezeichnet, wie wir sie in unserer Handschrift nur noch an Ostern, dem höchsten Fest des Jahres, vorfinden. Dies läßt darauf schließen, daß der Patron der Herzoglichen Kapelle an der Stelle des späteren Damenstiftes Nieder-

[25] Vgl. K. Gamber, Die gallikanische Zeno-Messe. Ein Beitrag zum ältesten Ritus von Oberitalien und Bayern, in: Münchener Theol. Zeitschrift 10 (1959) 295–299.

[26] Vgl. K. Gamber, Zur mittelalterlichen Geschichte Regensburgs und der Oberpfalz. Kleine heimatkundliche und liturgiegeschichtliche Studien (Kallmünz 1968) 20–28.

[27] Vgl. B. Bischoff, Panorama der Handschriftenüberlieferung aus der Zeit Karls d. Gr., in: Karl der Große. Lebenswerk und Nachleben, Bd. II (Düsseldorf 1965) 246.

münster ursprünglich der hl. Johannes war. Derselbe Heilige war auch der Patron der Langobarden, seit die bayerische Herzogstochter Theodolinde kurz nach 600 in Monza eine große Kirche zu Ehren des hl. Johannes des Täufers,»patrono suo«, wie es heißt, gebaut hat, vielleicht in Erinnerung an die heimatliche Johannes-Kirche in Regensburg[28]. Auch in den vier Medaillons am Fuß des Tassilokelches erscheint die Darstellung des Täufers als eines der Schutzpatrone der Stifter Tassilo und seiner Frau (neben Maria, Theodolinde und Theodor).

Das Marienpatrozinium der Alten Kapelle dürfte auf die Zeit der Gründung des Kollegiatsstifts unter König Ludwig dem Deutschen zurückgehen, als damals die unmittelbare Vorgängerin der jetzt noch stehenden Kirche erbaut wurde. Sie bildete die Pfalzkapelle der Karolingerkönige. Das Marienpatrozinium wurde wohl in Anlehnung an das Patrozinium der Pfalzkapelle in Aachen gewählt[29].

Dem Typus nach ist das Tassilo-Sakramentar ein sog. Gelasianum; so genannt, weil es angeblich auf Papst Gelasius (492 bis 496) zurückgeht. Wie andernorts gezeigt werden konnte, wurde dieser Meßbuch-Typus um 550 unter Bischof Maximian in Ravenna ausgebildet[30]. In unserm Sakramentar zeigt sich demnach der Einfluß Oberitaliens[31]. Er war während der Regierungszeit

[28] Vgl. K. Gamber, Das frühmittelalterliche Bayern im Lichte der ältesten bayerischen Liturgiebücher, in: Deutsche Gaue 54 (1962) 49–62. Vielleicht steht dieses Patrozinium in direktem Zusammenhang mit den in der Severins-Vita erwähnten Johannes-Reliquien, besonders wenn man bedenkt, daß im Frühmittelalter der Besitz von Reliquien das Patrozinium einer Kirche bestimmt hat; vgl. K. Gamber, Die Severins-Vita als Quelle für das gottesdienstliche Leben in Norikum während des 5. Jh., in: Römische Quartalschrift 65 (1970) 145–157, hier S. 147–148. – Die herzogliche Kapelle ist in ihren Fundamenten bei den Ausgrabungen in Niedermünster zutagegetreten; vgl. K. Schwarz, Die Ausgrabungen im Niedermünster zu Regensburg (Kallmünz 1971) 22 ff.

[29] Vgl. J. Schmid, Die Geschichte des Kollegiatstiftes U. L. Frau zur Alten Kapelle in Regensburg (Regensburg 1922) 6–7.

[30] Vgl. K. Gamber, Missa Romensis. Beiträge zur frühen römischen Liturgie und zu den Anfängen des Missale Romanum (=Studia patristica et liturgica, Fasc. 3, Regensburg 1970) 107–115: Das sog. Sacramentarium Gelasianum. Die»missales« des Bischof Maximianus von Ravenna.

[31] Unser Sakramentar hat nichts zu tun mit der fränkischen Überlieferung des Gelasianum, wie sie im Cod. Vat. Regin. lat. 316 aus der Zeit um 750 für uns greifbar ist; vgl. CLLA Nr. 610. Es stellt eine eigene oberitalienische Weiterbildung des ravennatischen Urexemplars dar.

Herzogs Tassilo III besonders stark, vor allem wegen der freundschaftlichen Beziehungen zwischen dem Herzogtum und dem Langobardenreich.

Interessant ist in diesem Zusammenhang die eigenartige Zierschrift, die den in Urkunden verwendeten Schriftarten ähnelt, wie sie in unserm Sakramentar für die Rubriken gebraucht wird (so z. B. f. 36r). Sie findet sich, wie B. Bischoff festgestellt hat, nur noch in einer Veroneser Handschrift (Bibl. Capit., Cod. 101)[32]. Wahrscheinlich hat diese Zierschrift ein Mönch des Zeno-Klosters in Verona an den Hof Tassilos gebracht.

Nach Prag ist unser Codex während des 9. Jh. im Zug der Missionierung Böhmens durch Regensburger Kleriker gekommen, zusammen mit anderen für den Gottesdienst bestimmten und in Regensburg geschriebenen Handschriften, die heute ebenfalls in Prag liegen, so die Fragmente eines Psalteriums aus dem Ende des 8. Jh., ein Homiliar aus dem Anfang des 9. Jh. sowie ein weiteres Homiliar aus der Mitte dieses Jh., das jedoch in Freising geschrieben ist[33].

Wie so oft, gab man auch hier den Missionaren ein damals schon veraltetes Exemplar als Meßbuch mit. Im 9. Jh. hatte man in Regensburg das bisher gebrauchte Sacramentarium Gelasianum abgeschafft und das Gregorianum, von dem später noch die Rede sein wird, eingeführt. Dieses hat sich in Regensburg schon von der Jahrhundertwende an durchgesetzt. Unsere Handschrift war zudem ihrem Text nach wenig korrekt. Der Schreiber muß nach Diktat geschrieben haben, aber schwerhörig gewesen sein und auch nicht gut Latein gekonnt haben. Daher die vielen Fehler[34].

Mit dem Sakramentar verbunden wurde bereits vor 800 ein von einer anderen Hand geschriebenes Bußbuch (Poenitentiale),

---

[32] In einem Brief an den Verfasser. Es handelt sich ebenfalls um eine liturgische Handschrift; vgl. CLLA Nr. 1131 S. 457.
[33] Vgl. B. Bischoff, in: Dold – Eizenhöfer, Das Prager Sakramentar a. a. O. 37.
[34] Vgl. K. Gamber, Die Regensburger Mission in Böhmen im Licht der Liturgiebücher, in: VO 114 (1974) 255–259. Vielleicht geschah die Übertragung des Prager Sakramentars nach Böhmen durch Michael, den späteren Bischof von Regensburg (942–972); vgl. Janner, Geschichte der Bischöfe von Regensburg I, 325.

das auf das Meßbuch unmittelbar folgt[35]. Darin findet sich u.a. der bekannte Brief des Papstes Gregor an Bischof Augustinus, den Missionar der Angelsachsen. Beachtenswert sind die althochdeutschen Glossen (insgesamt 34)[36], die von der gleichen Hand stammen, die um 792 die oben genannten Namenseintragungen vor dem Canon vorgenommen hat. Bis jetzt von den Germanisten übersehen wurden die zahlreichen eingeritzten Glossen zum Sakramantar, z. B. fol. 71 Iv »suspende«: »arhengi«[37]. Diese Glossen sind die ältesten Zeugnisse des bayerischen Dialekts und zeigen zugleich, wie man sich damals bemüht hat, den lateinischen Text zu verstehen.

Den Schluß der Handschrift bildet ein abermals von einer anderen Hand geschriebenes Kurz-Lektionar. In ihm sind für 5 Sonntags-, 4 Commune- und 4 Votivmessen Perikopen (jeweils Epistel und Evangelium) vorhanden[38]. Auf dem Schutzblatt zu Beginn der Handschrift stehen, von einer jüngeren Hand eingetragen, die Initien einer Reihe von Gesangstexten[39]. Hier liegen also im Prager Sakramentar die ersten Versuche vor auf deutschem Boden zu einer Plenarmissale zu kommen.

Die gleiche Hand, die das Poenitentiale geschrieben hat, war auch an einer weiteren Handschrift beteiligt, die Heiligenviten enthält (jetzt München, Universitätsbibl., Cod. 4º3)[40]. Auch dieses Buch ist allem Anschein nach in der herzoglichen Schreibschule entstanden. Vielleicht gehört hierher auch das Fragmentblatt eines Sakramentars, das diesem Codex jetzt beigefügt ist und das eine ähnliche Schrift zeigt. Es wird unten im Appendix I ediert.

Außer der in Prag befindlichen Voll-Handschrift und des eben genannten Blattes sind noch kleine Fragmente weiterer Zeugen des Tassilo-Sakramentars erhalten geblieben, die z. T. sogar einige Jahre älter sind als der Prager Codex. Dazu gehören zwei Handschriften, die sich ehedem im Kloster Indersdorf be-

[35] Vgl. E. Vykoukal, in: Liturgiegeschichtliche Quellen und Forschungen Heft 31 (Münster 1939) 83–90, hier 89.
[36] Herausgegeben von E. Steinmeyer, Die althochdeutschen Glossen IV (Berlin 1898) 331 und 602f.
[37] Vgl. B. Bischoff, in: Texte und Arbeiten 38/42 (Beuron 1949) 37; vgl. auch unter Fußnote 79.
[38] Vgl. A. Dold ebd. 188*–195*.
[39] Vgl. Dold ebd. 185* Anm. 1, wo die schwer lesbaren Texte ediert sind.
[40] Vgl. Lowe, CLA IX Nr. 1345.

fanden: ein Lektionar mit den Episteln und Evangelien des Jahres und ein Sakramentar, zwei Liturgiebücher, die zusammen eine Einheit gebildet haben dürften. Sie haben sich gegenseitig ergänzt: in dem einen befanden sich die Lesungen, im anderen die Orationen und der Canon missae. Von diesen ehemaligen Codices sind heute nur mehr einige Blätter erhalten, die sich jetzt in der Staatsbibliothek in München befinden (in: Clm 7678, lose Blätter, und Clm 29163 d aus: Clm 7673)[41]. Die Schrift weist in die 2. Hälfte des 8. Jh. Zum mindesten das Lektionar ist so gut wie sicher in Regensburg geschrieben[42].

Aus der Freisinger Domkirche ist das Blatt eines weiteren Sakramentars unseres Typus auf uns gekommen. Es stammt aus der Zeit um 800 und befindet sich jetzt ebenfalls in München (Clm 29164 I/1a, f. 1)[43]. Dort sind noch weitere Fragmente ähnlicher Handschriften, eines davon das erwähnte Fragment in der Universitätsbibliothek (Cod. 4⁰ 3, f. 1)[44], ein anderes, größeres in der Staatsbibliothek (Clm 29164b). Es handelt sich bei letzterem um Reste eines Reisemeßbuches[45]. All diese Zeugen zeigen die starke Verbreitung, die unser Meßbuch-Typus gegen Ende des 8. Jh. in ganz Bayern gefunden hat, bis er von einem neuen Typus abgelöst wurde, dem Sacramentarium Gregorianum in der Redaktion von Aquileja, dessen Einfluß sich in den angeführten Zeugen schon in starkem Maße bemerkbar macht[46].

[41] Vgl. K. Gamber, Eine ältere Schwesterhandschrift des Tassilo-Sakramentars in Prag, in: Revue bénédictine 80 (1970) 156–162; idem, Fragment eines Tassilo-Lektionars, in: Sacris eruditi 18 (1967/68) 328–332 (mit Facs.).
[42] Vgl. Lowe, CLA IX Nr. 1287 (»written at Regensburg, to jugde by the script and its connexion with CLM 14080«). Edition dieser Fragmente unten im Appendix I.
[43] Vgl. K. Gamber, Älteste Liturgiebücher des Freisinger Doms, in: J.A. Fischer, Der Freisinger Dom (Freising 1967) 45–64, vor allem 47ff.; CLLA Nr. 632.
[44] Herausgegeben von K. Gamber, Das Sakramentar des Bischofs Arbeo von Freising, in: Münchener Theol. Zeitschrift 9 (1958) 46–54; Lowe, CLA IX Nr. 1344.
[45] Herausgegeben von A. Dold, Stark auffällige, dem Altgelasianum und dem Pragense nahe Sakramentar-Texte in Clm 28547, in: Ephem. liturgicae 66 (1952) 321–351 (mit vollständigem Facsimile); vgl. Bischoff, Schreibschulen 166; CLLA Nr. 635 S. 311.
[46] Vgl. K. Gamber, Das Sakramentar von Salzburg als Vorlage des Pragense, in: Studia Patristica VIII (= Texte und Untersuchungen, Band 93, Berlin 1966) 209–213.

4. Das Kalendar-Fragment von St. Emmeram

Bereits bei der Behandlung des Regensburger Bonifatius-Sakramentars ist uns ein Kalendar begegnet. Während dieses eindeutig seinen kampanischen Ursprung zu erkennen gibt und nur durch den Zusatz am 22. September seine Verwendung in Regensburg bezeugt, ist ein weiteres Kalendar, von dem ein Blatt erhalten geblieben ist, direkt in und für Regensburg geschrieben. Es stammt aus dem Ende des 8. Jh. und wurde bis vor kurzem in der Sakristei von St. Emmeram aufbewahrt. Es befindet sich jetzt im Bischöfl. Zentralarchiv Regensburg[47]. Das Format des ehemaligen Liturgiebuchs ist relativ klein; es hat etwa die gleiche Größe wie das oben kurz erwähnte Reisemeßbuch. Wahrscheinlich gehörte auch das St. Emmeramer Kalendarfragment ursprünglich zu einem solchen Reisemeßbuch. Die Verbindung Kalendar und Sakramentar ist uns auch im Bonifatius-Meßbuch begegnet. Das erhaltene Blatt setzt mit dem 23. November ein und reicht bis zum 25. Dezember. Es sind nur wenige Heiligenfeste verzeichnet.

Vergleichen wir die Heiligentage des St. Emmeramer Kalendars mit denen des Tassilo-Sakramentars, so stellen wir fest, daß in letzterem sogar noch weniger Heiligenfeste verzeichnet sind als bei uns, jedoch kein Fest, das sich nicht auch im Kalendar findet. Es fehlen im Tassilo-Sakramentar die Heiligen Chrysogonus (24. 11.) und Lucia (13. 12.). Sie fehlen auch im Gelasianum, finden sich jedoch im Gregorianum. Es muß demnach gegen Ende des 8. Jh. bereits ein gregorianisches Sakramentar in Regensburg vorhanden gewesen sein. Wir werden unten einige Zeugen kennen lernen.

Beachtenswert ist in unserm Fragment die Erwähnung des heiligen Ambrosius von Mailand am 7. Dezember. Die Verehrung dieses Heiligen ist für das ausgehende 8. Jh. für Regensburg sonst nicht bezeugt, und außerhalb von Mailand für diese frühe Zeit kaum zu finden. So fehlt sein Fest auch noch in dem aus Bergamo stammenden Sakramentar von Monza aus dem

---

[47] Herausgegeben von K. Gamber, Ein Regensburger Kalendarfragment aus der Zeit Herzogs Tassilo III., in: Studien und Mitteilungen OSB 80 (1969) 222–224.

9. Jh. Hier ist ein entsprechendes Formular erst im 10. Jh., wahrscheinlich in Monza, nachgetragen worden[48]. Das Vorkommen
des heiligen Ambrosius in unserm Kalendarfragment macht
abermals die engen Beziehungen zu Oberitalien deutlich, wie
sie vor allem in der Agilolfingerzeit bestanden haben.
Wie das Tassilo-Sakramentar enthält auch unser Blatt das Fest
des heiligen Zeno von Verona, und zwar ebenfalls am 8. Dezember, dem Ordinationstag, und nicht, wie sonst allgemein üblich,
am 13. April, dem Todestag des Heiligen[48a]. Der Zufall wollte es,
daß das Kalendarfragment lange Zeit an der gleichen Stelle aufbewahrt wurde, an der ehedem eine Zeno-Kapelle gestanden hat,
bevor sie der jetzigen Sakristei weichen mußte[49]. Das Blatt wird
im Appendix I ediert.

5. Bayerische Evangeliare aus der Zeit Karls d. Gr.

Aus der Zeit um 800 sind aus dem südostdeutschen Raum eine
Reihe von prachtvollen Handschriften in Unziale erhalten geblieben, deren Entstehung bisher im Kloster Mondsee (bei Salzburg) oder in einem unbekannten südostdeutschen Skriptorium
vermutet wurde. Zu diesen für den Gebrauch im Gottesdienst
bestimmten Handschriften gehört das sog. Ingolstädter Evangeliar, ein nicht mehr vollständiges Vier-Evangelien-Buch, das
jetzt als Clm 27 270 in der Staatsbibliothek aufbewahrt wird. Die
62 erhaltenen Blätter haben zum größten Teil zuletzt als Um-
schläge für Salzbücher des Amtes Ingolstadt gedient[50]. Ingolstadt war bekanntlich königliche Villa der Karolinger.
Der Buchschmuck dieses Evangeliars, mit dem sich neuerdings
K. Holter im Zusammenhang mit dem gleich zu nennenden »Co-

[48] Vgl. A. Dold – K. Gamber, Das Sakramentar von Monza (= Texte und
Arbeiten, 3. Beiheft, Beuron 1957) Formular Nr. 287/88.
[48a] Der gleiche Eintrag wie bei uns: »Veronae ordinatio sci zenonis conf.«
im Clm 6421; vgl. E. A. Loew, Die ältesten Kalendarien aus Monte Cassino
(= Quellen und Untersuchungen zur lateinischen Philologie des Mittelalters
III, 3 München 1908) 82.
[49] Vgl. Kunstdenkmäler der Oberpfalz, Bd. XXII, 1 (München 1933) 317.
[50] Vgl. W. Neumüller – K. Holter, Der Codex Millenarius (= Forschungen zur Geschichte Oberösterreichs, Band 6, Graz-Köln 1959) 172–180 (mit
der älteren Literatur); Lowe, CLA IX Nr. 1325; Bischoff, Schreibschulen 57.

21

dex Millenarius« befaßt hat, ist außerordentlich vielteilig. Wir besitzen heute noch 44 farbige Initialen und 4 prachtvolle Canones-Seiten mit den Symbolen der Evangelisten jeweils in den Arkaden. In den Initialen ist das Bandgeflecht vorherrschend. Wir finden als Ornament auch Fische, ähnlich wie im St. Emmeramer Codex Clm 14300, sowie Vogelköpfe mit eigentümlichen langen Schnäbeln, die an die erste Initiale des Psalters von Montpellier erinnern, von dem gleich die Rede sein wird. Die Ikonographie der Evangelisten-Symbole sowie die elegante und lockere Behandlung des Spiralflechtwerks wiederum hat eine Entsprechung im »Codex Millenarius«.

Ein weiteres unvollständig erhaltenes Evangeliar stellen die Nürnberger Fragmente dar (Germanisches Museum, Ms. 27932 + Stadtbibliothek, Fragm. 1), von denen Teile auch in New York liegen (Piermont Morgan Library, M. 564)[51]. Die Blätter sind seinerzeit in der Umgebung von Nürnberg aufgetaucht. Wir wissen nicht, wo sie sich im 17. Jh. vor ihrer Verwendung als Einbandpergament befunden haben. Es sind in den Nürnberger Fragmenten nur 15 Initialen enthalten, davon eine, leider unvollständig, zu Beginn des Johannes-Evangeliums. Sie zeigt das gleiche Flechtwerk wie das Christus-Bild im Psalter von Montpellier. Auch die kleinen Initialen sind in beiden Prachthandschriften sehr ähnlich; gleich ist in beiden die Verwendung von Silber und Gold, die im Ingolstädter Evangeliar fehlt.

Das dritte hierher gehörende Evangeliar ist der berühmte »Codex Millenarius« in Kremsmünster, der über 1000 Jahre lang am selben Ort aufbewahrt und heute noch gelegentlich im Gottesdienst verwendet wird. Der Codex hat durch W. Neumüller und K. Holter eine eingehende Würdigung erfahren[52]. Während Holter kunsthistorische Beziehungen zu den eben genannten Evangeliaren sowie weiteren Handschriften aufzeigen konnte, befaßte sich Neumüller vor allem mit dem Bibeltext. Er konnte dabei zeigen, daß in diesen Evangeliaren eine eigene, von der späteren Alkuin'schen Redaktion unbeeinflußte Fassung der

---

[51] Vgl. Neumüller – Holter, Der Codex Millenarius 139–142; Lowe, CLA IX Nr. 1347.
[52] Siehe oben Fußnote 50; ferner W. Neumüller, Der Codex Millenarius und sein historischer Umkreis (Wels 1960).

Vier Evangelien vorliegt, wie sie an der Wende zum 9. Jh. im bayerischen Raum in Gebrauch war[53]. Die Heimat dieser Redaktion liegt nach Neumüller in Oberitalien, vermutlich in Ravenna, wo nach Holter auch die Vorlagen der Evangelisten-Bilder in unsern Handschriften zu suchen sind[54].
Mit den drei genannten Evangeliaren ist der künstlerischen Ausstattung nach ein fragmentarischer Codex mit den Paulus-Briefen eng verwandt. Er besteht aus Blättern, die von Einbänden Mondseer Handschriften abgelöst wurden und sich heute als Cod. ser. nov. 2065 in der Ö. Nationalbibliothek in Wien befinden[55]. Daß die ehemalige Handschrift zuletzt im Kloster Mondsee war, ist sicher, nicht jedoch, daß sie auch dort geschrieben ist, obwohl dies vielfach angenommen wird.
Da der bereits erwähnte Psalter von Montpellier (Bibl. Univ., Med. 409), eine kleine Handschrift in Oktavformat, mit diesem Mondseer Codex Gemeinsamkeiten aufweist, wurde auch für ihn das Kloster Mondsee als Provenienz vermutet[56]. Der Psalter ist künstlerisch reich ausgestattet und weist zwei ganzseitige Miniaturen auf (Christus-Bild und König David). Auch hier begegnet uns, wie im Prager Sakramentar, in einem Nachtrag innerhalb der Litanei der Name der Königin Fastrada († 794). Es wird angenommen, daß sich der Psalter bald nach seiner Niederschrift im Nonnenkloster Notre-Dame in Soissons und etwas später in Auxerre befunden hat. Die reiche Ausstattung und das kleine Buchformat schließen den monastischen Gebrauch aus

---

[53] W. Neumüller, Der Text des Codex Millenarius (= 100. Jahresbericht Schuljahr 1957 Öffentl. Gymnasium der Benediktiner zu Kremsmünster (Kremsmünster 1957) 11–54; ferner Neumüller – Holter, Der Codex Millenarius 38–47: »Unsere Gruppe von Handschriften . . . stellen einen eigenen Typus dar . . . Dieser . . . hat einen Text, der sich durchaus von spanischen, insularen und französischen Familien unterscheidet. Er läßt sich in keine dieser Gruppen einordnen . . . Der Hauptstrom der Textüberlieferung geht vom Süden her: von Italien, näherhin von Oberitalien« (S. 46).
[54] Vgl. Neumüller – Holter, Der Codex Millenarius 116.
[55] Vgl. Neumüller – Holter, Der Codex Millenarius 142–147; D. Wright, The Codex Millenarius and its model, in: Münchner Jahrbücher 3. Folge XV (1964) 37–54.
[56] Ebd. 132–139, mit Abb. auf S. 134f.; Lowe, CLA VI Nr. 795. Wir finden hier folgende Angaben: »Early caroline minuscule saec. VIII ex.« »Written in a South-east German centre and probably in the monastery of Mondsee.«

und lassen die Bestimmung für eine hochgestellte Persönlichkeit annehmen[57].

Daß all diese Codices eng zusammengehören, haben die eingehenden Untersuchungen, vor allem von Bischoff und Holter, gezeigt. Daß zum mindesten einige von ihnen aus dem gleichen Skriptorium stammen, ist ebenfalls angenommen worden, wobei man dieses im Kloster Mondsee gesucht hat. Hat aber – so ist zu fragen – das 748 als agilolfingisches Eigenkloster gegründete Mondsee tatsächlich ein künstlerisch so bedeutsames Skriptorium beherbergt, daß es einige Jahrzehnte nach seiner Errichtung so viele Prachthandschriften hervorbringen konnte? Ein solches Skriptorium kann sich m.E. nur an einem Ort befunden haben, der sowohl auf eine längere Schreibtradition zurückblickt, wie u.a. ein nicht verkennbarer insularer Einschlag in den Prachthandschriften zeigt, als auch ein kulturelles (und politisches) Zentrum gebildet hat. Dies trifft für die Zeit um 800, was den südostdeutschen Raum betrifft, nur für Regensburg und Salzburg zu. Da aber Salzburg aus Gründen, die von Holter eingehend behandelt werden[58], ausscheidet, kommt für den Fall, daß Mondsee ebenfalls ausscheidet, nur noch Regensburg in Frage.

---

[57] Vgl. Lowe a.a.O.:»It is one of the finest products of that region and may have been written for a royal personage.« Hinsichtlich der Litanei vgl. A. Allgeier, Die Litaniae Carolinae und der Psalter von Montpellier, in: Festschrift E. Eichmann (Paderborn 1940) 245–262; M. Coens, in: Analecta Bollandiana 62 (1944) 129–146. Da die Litanei von einer anderen Hand geschrieben ist als das eigentliche Psalterium und zwar zwischen 788 und 794, dem Todesjahr der Königin Fastrada, und einen Nachtrag darstellt, muß die Handschrift noch unter Tassilo III. entstanden sein. Vermutlich war sie für den Herzog oder dessen Frau bestimmt. Auffällig ist, daß einige der Initialen des Prager Sakramentars denen des Psalteriums ähnlich sind, z.B. das »Q« in der Abbildung bei Lowe und das »D« in der Facsimile Ausgabe von Dold-Eizenhöfer (f. 43 b). Vollständige Edition der Handschrift von F. Unterkircher, Die Glossen des Psalters von Mondsee (= Spicilegium Friburgense 20, Freiburg/Schweiz 1974). Die Tatsache, daß die erste Hand des Psalteriums, wie B. Bischoff festgestellt hat, mit der Schrift der Fragmente der Paulusbriefe aus Mondsee identisch ist (vgl. Unterkircher a.a.O. 5), beweist nicht die Niederschrift des Psalteriums in Mondsee, da der Codex mit den Paulusbriefen aus Regensburg importiert sein kann.

[58] Vgl. Neumüller – Holter, Der Codex Millenarius 157ff.; K. Holter, Drei Evangelien-Handschriften der Salzburger Schreibschule des 9. Jh., in Österr. Zeitschrift für Kunst- und Denkmalpflege 12 (1958) 85–91.

24

Über die engen Beziehungen zwischen dem Kloster Mondsee und Regensburg wird im folgenden bei der Besprechung des Baturich-Pontifikale eigens zu reden sein. Auf Grund dieser besonderen Beziehungen ist es nur zu verständlich, daß von Regensburg aus immer wieder Codices nach Mondsee gekommen sind. Kremsmünster wiederum, der Aufbewahrungsort des Millenarius, ist eine Gründung Tassilos. Karl d. Gr. bestätigte 791 die Besitzungen des Klosters und fügte neue hinzu. Vielleicht stellt das Evangeliar ein Geschenk Karls an Kremsmünster dar. Die beiden anderen Evangeliare befanden sich zuletzt in Ingolstadt bzw. Nürnberg, also in der weiteren Umgebung von Regensburg. Da wir nicht wissen, wie sie in die genannten Orte gekommen sind, können wir keine ähnlichen Zusammenhänge feststellen wie bei Mondsee und Kremsmünster. Es ist nicht ausgeschlossen, daß wenigstens einer dieser Codices für den Gottesdienst in Regensburg selbst bestimmt war und erst später verschleudert worden ist[59]. Lauter Fragen, die sich wohl nie mit letzter Sicherheit klären lassen, die aber einmal gestellt werden müssen. Jedenfalls ist die Bedeutung Regensburgs, zuerst als Sitz des Herzogs und dann wenigstens zeitweiser Sitz der Karolinger, für die Ausbildung und Niederschrift liturgischer Bücher an der Wende des 8. zum 9. Jh. kaum zu unterschätzen.

B. Bischoff spricht von einer »ersten kalligraphischen Periode«, die nach dem Sturz des Herzogs Tassilo durch König Karl und dem damit verbundenen Zusammenbruch der bayerischen Selbständigkeit zu beobachten ist[60]. Bekanntlich hat sich Karl d. Gr. von 791 an immer wieder längere Zeit in Regensburg aufgehalten und hier 792 die Reichsversammlung abgehalten, die den Bischof Felix von Urgel wegen seiner Irrlehre verurteilt hat.

Bischoff vermutet, daß »infolge dieser offiziellen Verbindung Regensburgs mit dem Hof am Ende des 8. Jh. in der bischöflichen Schreibschule eine Schrift ausgebildet und gepflegt worden ist, die in ihren aufrechten und abgerundeten Formen und gefälligen Proportionen vielleicht eine gewisse Verwandtschaft zu der Mi-

---

59 Die Ingolstädter Fragmente könnten aus einem Evangeliar stammen, das zuletzt im Dom zu Eichstätt liturgisch verwendet worden ist.
60 Bischoff, Schreibschulen 174.

nuskel der Hofschule (z. B. Godescalc) aufweist.« Als Beispiel nennt er den St. Emmeramer Codex Clm 14457 (ff. 31 ff.) mit seinem Initialschmuck, der aus Flechtwerkfüllung oder zellenmäßiger Aufteilung mit Blatt- und Fischornamenten besteht[61]. Außer der bischöflich-klösterlichen Schreibschule hat es, wie Bischoff neuerdings annimmt, im 8. Jh. in Regensburg wahrscheinlich auch ein herzogliches Skriptorium gegeben[62]. Hier ist, wie zu vermuten, einige Jahre vor 794 das Tassilo-Sakramentar entstanden. Wir wissen nicht, ob dieses mutmaßliche Skriptorium mit dem Sturz des Herzogs zu bestehen aufgehört hat. Vielleicht ist es von Karl d. Gr. einfach übernommen worden.

Es wäre jedenfalls unverständlich, wenn dieser bei seinen mehrmaligen Aufenthalten in Regensburg anderswo als in der ehedem herzoglichen Pfalz Quartier bezogen hätte. Mit dem König hat sicher auch ein Teil seines Hofstaats Einzug gehalten, zu dem auch Leute aus dem königlichen Skriptorium gehört haben müssen. Diese geschulten Kräfte könnten an einigen der oben erwähnten Prachthandschriften mitgeholfen haben. Auf ihre Tätigkeit geht vielleicht auch das nun zu behandelnde Meßbuch, das in Unziale geschrieben war, zurück.

6. Sakramentare aus dem Patriarchat Aquileja

Aus dem bayerisch-alpenländischen Raum sind Fragmente mehrerer um 800 entstandener Sakramentare erhalten. Sie gehören fast alle dem gleichen Typus an und lassen sich nur innerhalb des Gebiets des Patriarchats von Aquileja nachweisen[63]. Von diesen Handschriften könnte die eine oder andere in Regensburg

---

[61] Ebd. 174. Abbildung Tafel VIb; vgl. auch Lowe, CLA IX Nr. 1299.

[62] Vgl. oben Fußnote 33. Welche Handschriften hier entstanden sind, ist noch nicht im einzelnen erforscht.

[63] Vgl. A. Dold – K. Gamber, Das Sakramentar von Salzburg, seinem Typus nach auf Grund der erhaltenen Fragmente rekonstruiert (= Texte und Untersuchungen, 4. Beiheft, Beuron 1960) 4–10; K. Gamber, Das Meßbuch Aquilejas im Raum der bayerischen Diözesen um 800, in: Annales Instituti Slavici, Band 8: Millenium Dioeceseos Pragensis 973–1973 (Wien – Köln – Graz 1974) 111–118.

geschrieben sein. Am meisten trifft m.E. diese Vermutung auf fünf Blätter zu, die jetzt in der Universitätsbibliothek Gießen (Hs NF 43) und im Staatsarchiv Marburg (Hr 1,4) liegen[64]. Es handelt sich um Teile eines Pontifikal-Sakramentars, in dem nur die Meßformulare für die höheren Feste aufgenommen waren, vermutlich für die Tage, an denen der Bischof den feierlichen Gottesdienst hielt. Das ganze Liturgiebuch war in einer schönen Unziale geschrieben, was ebenfalls auf die Bestimmung für eine Domkirche hinweisen könnte[65]. Zu Beginn des 9. Jh. ist die Verwendung von Unziale bei Sakramentaren selten; im Tassilo-Sakramentar finden wir sie beim Canon Missae (ff. 85–90).

Als Schreibschule kommt nur ein bedeutendes Zentrum in Frage, was ohne Zweifel Regensburg, bedingt durch die längere Anwesenheit des Königshofes, damals war. Wir dürfen aber nicht ausschließen, daß das Meßbuch gar nicht für Regensburg, sondern für die Domkirche von Aquileja bestimmt war und ein Geschenk Karls d. Gr. an den damaligen Patriarchen von Aquileja, Paulinus, darstellt. Dieser hatte viele Jahre am Hof des Königs gelebt, bis er 787 Patriarch von Aquileja wurde. Im Jahr 792 befand sich Paulinus zur Reichsversammlung in Regensburg.

Dem gleichen Sakramentartypus wie die Gießen-Marburger Fragmente gehört das aus dem bayerisch-österreichischen Alpengebiet stammende sog. Salzburger Sakramentar (nach 800) an,[66] ferner u.a. kleine Fragmente zweier weiterer Meßbücher, die in der B. Staatsbibliothek liegen (Clm 29 163 c und Clm 29 164/I).[67] Das eine von diesen bildet eine Schwester-Handschrift zum Cod. D 47 der Kapitelsbibliothek von Padua aus der Mitte des 9. Jh., einer vollständig erhaltenen Handschrift, die für Verona ge-

[64] Herausgegeben von A. Dold – K. Gamber, Das Sakramentar von Salzburg 80*-85*; vgl. CLLA Nr. 882 S. 399.
[65] B. Bischoff in einem Brief an den Verfasser: »Die Verwendung der Unziale ist merkwürdig und läßt an eine Bestimmung für eine bedeutende Kirche denken.« In der Dombibliothek in Trier (Cod. 400) befindet sich ein Fragment einer nur wenig älteren Handschrift des gleichen Typus, die nach B. Bischoff aus Oberitalien stammt (vgl. Lowe, CLA IX Nr. 1365; CLLA Nr. 881). Sie ist ebenfalls in Unziale geschrieben.
[66] Vgl. oben Fußnote 64.
[67] Herausgegeben von K. Gamber, Sacramentaria praehadriana, in: Scriptorium 27 (1973) 10–15 (mit Facsimile).

schrieben war.[68] Die beiden Meßbücher, von denen die oben genannten Fragmente stammen, wurden etwa 50 Jahre früher als der Codex von Padua geschrieben und zwar im bayerischen Raum.[69] Daß die Gießen-Marburger Fragmente zusammen mit anderen aus Bayern stammenden Sakramentaren zu einem Typus gehören, der im Gebiet des Patriarchats von Aquileja gebräuchlich war, beweist, daß der Einfluß dieser Metropole auf die bayerischen Diözesen im 8. Jh. doch stärker war als gemeinhin angenommen wird. Bekanntlich erfolgte die endgültige Abtrennung der Gebiete nördlich der Drau an die neue Kirchenprovinz Salzburg, der auch Regensburg damals angegliedert wurde, erst in den Jahren 796 und 811.

Auch in den von den bayerischen Diözesen und von Aquileja selbst missionierten Gebieten im Osten muß unser Meßbuchtypus in Gebrauch gewesen sein. Als nämlich die Brüder Cyrill und Method in der 2. Hälfte des 9. Jh. hier unter den Slaven intensive Missionsarbeit leisteten, haben sie, wie die Kiewer Blätter zeigen, ein derartiges Exemplar für ihre Übersetzung des Meßbuches ins Slavische benutzt.[70]

7. Regensburger Gregoriana-Handschriften

Als Vorsatzblatt des Clm 13109, eines Codex der ehemaligen Regensburger Stadtbibliothek, diente ein Pergamentblatt, das jetzt unter der Signatur Clm 29163i in der B. Staatsbibliothek aufbewahrt wird. Nach B. Bischoff gehört die Schrift in den Anfang des 9. Jh.; er bezeichnet sie ohne nähere Ortsbestimmung als »deutsch«[71]. Es spricht jedoch manches dafür, daß Regens-

---

[68] Vgl. CLLA Nr. 880 S. 398. Sie ist als Prachthandschrift in der kaiserlichen Schreibschule Lothars geschrieben; vgl. auch Dold – Gamber, Das Sakramentar von Salzburg 30–48.

[69] Das eine Meßbuch befand sich zuletzt im Kloster Schäftlarn. Die Schrift hat eine gewisse Ähnlichkeit mit der des Psalters von Montpellier.

[70] Vgl. K. Gamber, Die Kiewer Blätter in sakramentargeschichtlicher Sicht, in: Cyrillo-Methodiana (Köln-Graz 1964) 362–371; CLLA Nr. 895 S. 405 (mit weiterer Literatur).

[71] In einem Brief an den Verfasser. Das Fragment wurde mit anderen erst vor einigen Jahren in der Staatsbibliothek wieder entdeckt.

burg nicht nur der (letzte) Verwendungsort, sondern auch der Entstehungsort des ehemaligen Meßbuchs ist, so eine gewisse Ähnlichkeit in der Schrift mit dem oben genannten Psalterfragment in Prag[72]. Es handelt sich bei unserm Fragment um das Blatt aus einem Sacramentarium Gregorianum, einem Meßbuch, wie es von Papst Gregor d. Gr. (590–604) redigiert worden ist[73]. Obwohl nur für die päpstliche Stationsliturgie zusammengestellt, hat dieses Liturgiebuch schon bald eine weite Verbreitung gefunden. Die Annahme, die bisher vorherrschend war, daß erst gegen Ende des 8. Jh. ein Exemplar dieses Sakramentar-Typus ins Frankenreich gekommen sei[74], ist heute wohl eindeutig widerlegt[75]. Unter anderen Zeugnissen ist auch unser Fragmentblatt in diesem Zusammenhang von Bedeutung.

Erhalten ist das Formular für das Fest Peter und Paul (29.6.). Dieses stimmt nicht mit der Textfassung des sog. Sacramentarium Hadrianum überein. Bei diesem handelt es sich um eine jüngere Rezension des Gregorianum, näherhin um das Exemplar, das, wie wir wissen, Papst Hadrian I. (772–795) auf Wunsch Karls d. Gr. nach Aachen gesandt hat (wahrscheinlich 794)[76]. Dafür daß es sich bei unserm Fragment nicht um den Rest eines Hadrianums handelt, spricht vor allem das Vorkommen der Formular-Nummer CXVII zum Fest am 29. Juni. Dieses trägt im Hadrianum die Ordnungszahl CXXIX, was eine Differenz von 15 Formularen ausmacht, die in unserm Liturgiebuch gefehlt haben müssen.

[72] Herausgegeben von K. Gamber, Sacramentaria praehadriana, in: Scriptorium 27 (1973) 6–7 (mit Facsimile).
[73] Vgl. K. Gamber, Wege zum Urgregorianum. Erörterung der Grundfragen und Rekonstruktionsversuch des Sakramentars Gregors d. Gr. vom Jahre 592 (= Texte und Arbeiten, Heft 46, Beuron 1956); idem, Sacramentarium Gregorianum I. Das Stationsmeßbuch des Papstes Gregor. Versuch einer Rekonstruktion nach hauptsächlich bayerischen Handschriften (= Textus patristici et liturgici, fasc. 4, Regensburg 1966).
[74] Vgl. E. Bourque, Etude sur les sacramentaires romains II, 2 (Roma 1958) 75 ff.
[75] Vgl. oben Fußnote 67.
[76] Vgl. H. Lietzmann, Das Sacramentarium Gregorianum nach dem Aachener Urexemplar (= Liturgiewissenschaftl. Quellen und Forschungen, Heft 3, Münster 1921); J. Deshusses, Le sacramentaire grégorien (= Spicilegium Friburgense 16, Fribourg/Suisse 1971).

Es kann sich auch nicht, wie man an sich aufgrund des Alters der ehemaligen Handschrift annehmen könnte, um ein Meßbuch des oben besprochenen aquileischen Typus handeln, der mit dem Gregorianum nahe verwandt ist, da hier an Peter und Paul die Formularzahl CXXIIII erscheint. Ein Sakramentar dieses Typus muß schon früh in Regensburg Eingang gefunden haben, wie Formulare im Tassilo-Sakramentar beweisen, die sich nicht im Gelasianum belegen lassen und z.T. nur in aus Aquileja stammenden Liturgiebüchern nachweisbar sind[77].

Der Sakramentarforscher bedauert es, daß diese wichtige Gregorianum-Handschrift nicht vollständig auf uns gekommen und nur dieses eine Blatt erhalten geblieben ist. Die ganze Handschrift hätte Aufschluß geben können über die Urgestalt dieses für die abendländische Liturgiegeschichte so wichtigen Meßbuches, wenn es auch nicht die Urgestalt selbst dargestellt hat.

Wir kommen nun zu zwei weiteren Bruchstücken gregorianischer Sakramentare, die zuletzt in Oberaltaich Verwendung gefunden hatten[78]. Die ehemalige Klosterbibliothek von Oberaltaich (gegründet um 1100) besaß eine Reihe alter Handschriften aus dem 9. und 10. Jh., von denen einige nach B. Bischoff »sicher oder sehr wahrscheinlich in dem Regensburger bischöflichen Skriptorium . . . geschrieben worden« sind[79]. Zu diesen sind vermutlich auch die Fragmente zweier Sakramentare zu rechnen, die aus Oberaltaicher Bucheinbänden abgelöst wurden. Es könnte sich dabei um Bruchstücke von Meßbüchern handeln, wie sie spätestens bei der Gründung des Klosters durch den Domvogt Friedrich von Regensburg nach Oberaltaich gekommen waren.

Das eine dieser ehemaligen Sakramentare stammt aus der 1. Hälfte des 9. Jh. Erhalten sind ein Einzelblatt und acht kleine Bruchstücke. Die Fragmente stammen aus der Oberaltaicher

---

[77] Vgl. oben Fußnote 46. Beachtenswert ist, daß sich dieser Einfluß in den einzelnen Zeugen in verschiedener Weise zu erkennen gibt. Die betreffenden Formeln können deshalb nicht dem Urexemplar angehört haben.

[78] Herausgegeben von K. Gamber, Aus der Bibliothek von Oberaltaich. Fragmente dreier Sakramentare des 9. und 10. Jhs., in: Studien und Mitteilungen OSB 81 (1970) 471–479.

[79] Bischoff, Schreibschulen 263. Zu diesen gehört ein Poenitentiale mit verschiedenen Gebeten, darunter das »Altbayerische Gebet«; vgl. Bischoff, Schreibschulen 266.

Handschrift Clm 9572, sie tragen jetzt die Signatur Clm 29163h. Die Schrift ist eine schöne karolingische Minuskel; die einfachen Initialen sind fast sämtlich nach inselländischer Art mit Tüpfelchen eingerahmt, gelegentlich auch der unmittelbar folgende Buchstabe. Die Fragmente beinhalten die letzten Formulare eines Gregorianums sowie einige zusätzliche, aus dem älteren Gelasianum entnommene Votivmessen (für Verstorbene). Wir besitzen das Fragment eines in Verona geschriebenen und mit dem Oberaltaicher etwa gleichzeitigen Sakramentars[80], auf dem zufällig fast genau die gleichen Formulare erhalten sind wie bei uns[81].

Da der betreffende Typus eines Appendix zum Gregorianum sonst nicht nachweisbar ist, dürfen wir die begründete Ansicht äußern, daß unser ehemaliges Sakramentar auf eine oberitalienische, vielleicht sogar direkt Veroneser Vorlage zurückgeht. Beziehungen zwischen Regensburg und Verona sind uns ja bereits mehrfach begegnet. So weist B. Bischoff hinsichtlich des bischöflichen Skriptoriums auf »eine kalligraphische Prägung der Minuskel« hin, »die aus Oberitalien, etwa von Verona her, kam. Eine Handschrift in diesem Charakter (Clm 14540) ist vermutlich in St. Emmeram eingeführt worden. Daß der gleiche Stil in Regensburg selbst gelehrt und geschrieben wurde, beweist Clm 14653[82].«

Das zweite dieser ehemaligen Sakramentare aus Oberaltaich bildete ebenfalls ein Gregorianum. Erhalten sind von ihm zwei Blätter, die aus dem Codex Clm 9583 stammen. In der Schrift, die B. Bischoff als »südostdeutsch« bezeichnet, besteht eine nicht zu übersehende Ähnlichkeit mit den zuvor genannten Fragmenten. Der Sakramentartypus ist jedoch ein anderer. Die erhaltenen Partien entsprechen weitgehend dem fränkischen Anhang zum Gregorianum[83], nur daß bei uns einige Formulare ausgefallen sind; so eigenartigerweise die »Orationes in tempore belli«.

[80] Jetzt in der Bibl. Bodleiana von Oxford, MS Auct. F 4.22 (8854); herausgegeben von K. Gamber, in: Texte und Arbeiten, Heft 52 (Beuron 1962) 108–110; vgl. CLLA Nr. 812 S. 378.
[81] Vgl. Gamber, Aus der Bibliothek von Oberaltaich 475.
[82] Bischoff, Schreibschulen 173.
[83] Vgl. K. Gamber, Der fränkische Anhang zum Gregorianum im Licht eines Fragments aus dem Anfang des 9. Jh., in: Sacris eruditi XXI (1972/73) 267–289.

In sakramentargeschichtlicher Hinsicht ist unser Fragment insofern von Bedeutung, weil hier das früheste (und bisher einzige) Zeugnis für den fränkischen Anhang zum Gregorianum aus dem bayerischen Raum vorliegt. Dieser fränkische Einfluß auf liturgischem Gebiet war allem Anschein nach durch die Residenz der karolingischen Könige in Regensburg bedingt. Vielleicht gilt dies auch für die folgende Handschrift.

Bei ihr handelt es sich um die Abschrift eines Sacramentarium Hadrianum, von dem oben kurz die Rede war. Der Codex wird heute in der Bibliotheca Bodleiana in Oxford (MS Auct. D I 20) aufbewahrt[84]. Vorher befand er sich im Kloster St. Emmeram. Das Meßbuch war in der 2. Hälfte des 9. Jh. in St. Gallen geschrieben worden. Es war wahrscheinlich für Mainz bestimmt, wo nur kurze Zeit danach die ff. 2–33 (Benedictiones episcoporum, Kalendarium und Exultet) hinzugefügt wurden[85].

Wann das Sakramentar den Weg nach St. Emmeram angetreten hat, wissen wir nicht. Vielleicht könnte darüber die Notiz einer Hand des 10. Jh. auf f. 2 etwas aussagen, wo es heißt:»Meginpreht vuolfmunt de cuuinga uisend«, wenn man nämlich feststellen könnte, ob dieser Eintrag in Regensburg geschehen ist. Der Codex befindet sich seit 1840 in der Bodleiana.

8. Das Baturich-Pontifikale

»Habent sua fata libelli«. Dieser Satz gilt für die meisten der bisher genannten Liturgiebücher, in Sonderheit aber für ein Liturgiebuch, das in der letzten Zeit zu einem großen Teil aus Bucheinbänden der Wiener Nationalbibliothek wiedergewonnen werden konnte: das Regensburger Baturich-Pontifikale (Cod. Vindob. ser. nov. 2762). Bislang waren nur 16 Doppelblätter der ehemaligen Handschrift bekannt, die aus Bucheinbänden des ehemaligen Klosters Mondsee abgelöst worden waren[86].

---

[84] Vgl. CLLA Nr. 735 S. 345; W. H. Frere, Bibliotheca musico-liturgica I (London 1894) Nr. 219 S. 78. Die Handschrift ist noch nicht ediert.
[85] Vgl. A. Merton, Die Buchmalerei in St. Gallen (Leipzig 1923) 25–27. 98–103 (Text des Kalendars) und Tafeln XIV–XV.
[86] Vgl. Bischoff, Schreibschulen 218; CLLA Nr. 1550 S. 561.

32

Als der Direktor der Handschriftenabteilung, Franz Unterkircher, sämtliche in der Nationalbibliothek aufbewahrten Mondseer Handschriften durchmusterte, traten unerwartet so viele weitere Blätter des ehemaligen Liturgiebuchs zutage, daß ein Großteil der alten Handschrift mit ihren 16 Lagen (zu je 4 Doppelblättern) wieder zusammengestellt werden konnte. Sogar die mit einer schönen farbigen Initiale geschmückte Titelseite ist wieder gefunden worden. Nicht wenige Blätter mußten freilich mühsam aus kleinen Einzelstreifen, die ehedem als Falze zur Verstärkung von Einbänden gedient haben, wieder zusammengesetzt werden[87].

B. Bischoff setzt die Niederschrift des Liturgiebuchs in die Zeit des Bischofs Baturich von Regensburg (817–848). Die Orationen zu Ehren des heiligen Emmeram und die Nennung seines Namens im Libera des Canon Missae weisen näherhin auf das Kloster St. Emmeram als Ort der Entstehung und Verwendung der Handschrift. Zuletzt befand sich der Codex in Mondsee.

Mondsee war seit Baturich Eigenkloster des Bischofs von Regensburg. Baturich hat es von der Königin Hemma, der Gemahlin Ludwigs des Deutschen, im Tausch mit dem Kloster Obermünster i. J. 833 erhalten[88]. Ob damals schon das Liturgiebuch nach Mondsee gekommen war oder erst später, wissen wir nicht. Vermutlich war es schon im 15. Jh. nicht mehr vollständig, als man es zu Buchbindezwecken verwendet hat.

Das Baturich-Pontifikale ist eine in ihrer Art einmalige liturgische Handschrift. In ihr ist nämlich ein Kollektar, ein Buch für das Chorgebet, mit einem Pontifikale zum Gebrauch des Bischofs verbunden[89]. Das Pontifikale beinhaltet Gebete bei den verschiedenen Weihen, von der Tonsur angefangen bis zur Weihe eines Bischofs, ferner den Ritus der Konsekration einer Kirche. Es ist mit das älteste Pontifikale, das überhaupt erhalten geblieben ist.

---

[87] Die so wiedergewonnene Handschrift wurde herausgegeben von Fr. Unterkircher (– K. Gamber), Das Kollektar-Pontifikale des Bischofs Baturich von Regensburg (= Spicilegium Friburgense, Vol. 8, Freiburg/Schweiz 1962).

[88] Vgl. Janner, Geschichte der Bischöfe von Regensburg 182 ff.

[89] Die ältesten Kollektar-Handschriften werden in CLLA Nr. 1501–1545 aufgezählt, hier auch die Pontifikale-Handschriften (Nr. 1550–1575)

Die sonst fast nicht mehr vorkommende Verbindung von Chorbuch (für den Abt) und Pontifikale (für den Bischof) erklärt sich dadurch, daß seit der Neugründung der Diözese Regensburg durch Bonifatius der jeweilige Bischof zugleich Abt des Klosters St. Emmeram war. Dabei sollte dieser im Wechsel einmal aus den Reihen der Mönche und einmal aus den Reihen der Domherren genommen werden. So blieb es bis zur Zeit des heiligen Wolfgang (972–994).

Bischof Baturich, der dieses Liturgiebuch zusammenstellen ließ, spielte im Karolingerreich als Hofkaplan des Königs Ludwig des Deutschen, der vorwiegend in Regensburg residierte, eine wichtige Rolle. Baturich war im Kloster Fulda zusammen mit Hrabanus Maurus wissenschaftlich ausgebildet worden und war ein guter Kenner des Kirchenrechts[90]. Seine Bemühungen gingen dahin, daß in seiner Diözese im Gottesdienst genau der Ritus der Kirche von Rom beobachtet wurde. Diese Tendenz ist in seinem Pontifikale zu erkennen, worin die neuesten römischen Liturgiebücher benützt erscheinen.

Dies gilt in erster Linie für das zu Beginn der Handschrift stehende Kollektar, einer Sammlung von Orationen, wie sie beim Chorgebet vom Abt bzw. Bischof zu sprechen waren. Wenn wir unser Kollektar mit zwei anderen ähnlichen Liturgiebüchern vergleichen, die etwa aus der gleichen Zeit stammen, dem Cod. Sangallensis 349 und dem Cod. Veronensis 106, dann muß man feststellen, daß diese ihr Orationsmaterial aus dem Sacramentarium Gelasianum (mixtum) genommen haben, während unser Codex als Quelle in der Hauptsache ein Gregorianum benutzt.

Besonders hingewiesen sei hier auf die Benediktionen, wie sie vor den einzelnen Lesungen vom Abt bzw. Bischof zu sprechen waren. Sie finden sich in unserm Liturgiebuch im Anschluß an das Kollektar. Es sind für die Festtage jeweils eigene Texte vorhanden. Diese lassen sich sonst nicht nachweisen, obwohl es viele derartige Benediktionen in Brevier-Handschriften gibt[91].

---

[90] Vgl. Janner a.a.O. 163ff.
[91] Die Literatur zu den Brevier-Benediktionen ist in CLLA S. 601 zusammengestellt.

Sie könnten daher die Schöpfung eines Regensburger Klerikers oder Mönches sein[92].

Die Gebete und Rubriken für die Ordinationen stimmen weitgehend mit den entsprechenden römischen Ordines (Nr. XXXV und XXXVB nach Andrieu)[93] überein. Eine Ausnahme bildet der Ritus der Kirchweihe, der dem römischen Ordo XLI lediglich angepaßt erscheint, dabei aber manches (Regensburger?) Eigengut enthält[94].

Kurz erwähnt sei hier eine weitere Handschrift, wenn es sich auch bei ihr nicht um ein Liturgiebuch im strengen Sinn handelt. Sie befindet sich als ehemaliger St. Emmeramer Codex unter der Signatur Clm 14510 in der B. Staatsbibliothek. Sie ist ebenfalls unter Bischof Baturich geschrieben, wie außer der typischen Schrift die »Laudes regiae« auf f. 41 r bezeugen:

... domnum nostrum Hludwicum imperatorem
    (Ludwig d. Fr. † 840)
... domnum nostrum Hludwicum regem
    (Ludwig der Deutsche † 876)
... domnum nostrum Baturicum episcopum.

Der genannte Codex ist eine Miscellanea-Handschrift. Er ist jedoch als eine Art Pontifikale zu betrachten, da er außer verschiedenen Ordines die Ordinationsgebete (ff. 64 v–71 v) und mehrere Weiheformeln enthält darunter eine »Benedictio super principem« (f. 72 v) und eine »Benedictio regalis« (f. 73 r)[95]. Es handelt sich hier um Formulare, die für eine Herzogs- bzw. Königskrönung in Regensburg bestimmt waren[96].

Ebenfalls unter Bischof Baturich ist, wohl für den Gottesdienst in St. Emmeram bestimmt, eine Evangelien-Handschrift ent-

---

[92] Vgl. B. Bischoff, Literarisches und künstlerisches Leben in St. Emmeram, in: Studien und Mitteilungen OSB 51 (1933) 141–142.

[93] M. Andrieu, Les Ordines Romani du haut moyen âge IV (= Spicilegium Sacrum Lovaniense, Fasc. 28, Louvain 1956) 3 ff.

[94] Andrieu, Les Ordines Romani IV, 315 ff.

[95] Die Handschrift ist noch nicht ediert (Edition in Vorbereitung); eingehende Übersicht des Inhalts bei M. Andrieu, Les Ordines Romani du haut moyen âge I (= Spicilegium Sacrum Lovaniense, Fasc. 11, Louvain 1931) 232–238.

[96] Die betreffenden Texte sind nach unserer Handschrift ediert von G. Waitz, Die Formeln der Deutschen Königs- und der Römischen Kaiser-Krönung (= Abh. d. kgl. Ges. d. W. zu Göttingen, Bd. 18, Göttingen 1872) 90–92.

standen (Clm 14222)[97]. Die Canones-Tafeln zu Beginn sind mit hohen, schmalen Säulenreihen umrahmt, die oben durch Bögen oder Winkel zusammengehalten werden. Sie sind farbig ausgefüllt und zeigen Flechtmuster. Das Capitulare Evangeliorum, eine Übersicht über die Evangelien-Perikopen des Jahres, ist später dem Codex beigefügt worden[98].

Aus der Baturich-Zeit stammt auch die später nach Oberaltaich gebrachte Ambrosius-Handschrift Clm 9543. In ihr hat ein gewisser Engyldeo die Sequenz »Psalle modulamina laudis canora...«[99] eingetragen und den ganzen Text mit Neumen versehen. Sie gehören zu den ältesten Singnoten, die auf uns gekommen sind. Sie sind um 820–840 anzusetzen[100]. Sie zeugen von der Pflege der Kirchenmusik damals in Regensburg.

9. Der Codex Aureus von St. Emmeram

Der ganze Glanz einer zu Ende gehenden Epoche scheint in dem berühmten Codex Aureus von St. Emmeram, einem Evangeliar, vereinigt zu sein[101]. Diese Prunkhandschrift wurde i. J. 870 im Auftrag König Karls des Kahlen (843–877) in der königlichen Hofschule (vermutlich in St. Denis) angefertigt, kam aber schon bald danach (um 893) durch Kaiser Arnulf nach Regens-

[97] Vgl. Bischoff, Schreibschulen 211.
[98] Vgl. Th. Klauser, Das römische Capitulare Evangeliorum I (= Liturgiegeschichtliche Quellen und Forschungen 28, Münster 1935) Nr. 229 S. LV.
[99] Vgl. U. Chevalier, Repertorium Hymnologicum (Louvain 1897) II, Nr. 15745.
[100] Vgl. Bischoff, Schreibschulen 204; Abbildung auf Tafel VI d. Es ist nicht ausgeschlossen, daß auch das berühmte althochdeutsche Petrus-Lied, das in einer Freisinger Handschrift aus dem Anfang des 10. Jh. zu finden ist und ebenfalls Neumen trägt, in Regensburg ausgebildet wurde. Zu den Neumen vgl. N. Daniel, Handschriften des zehnten Jh. aus der Freisinger Dombibliothek (= Münchener Beiträge zur Mediävistik und Renaissance-Forschung 11, München 1973) 46 f.
[101] Heute in der B. Staatsbibliothek (Clm 14000). Facsimile-Ausgabe von G. Leidinger (1921–1925) 5 Bände und 1 Textband. Kurze Beschreibung von F. Dressler, Cimelia Monacensia. Wertvolle Handschriften und frühe Drucke der B. Staatsbibliothek München (Wiesbaden 1970) Nr. 13 S. 18 (weitere Literatur). In Niedermünster befand sich ehedem eine jetzt in München (Clm 12741) aufbewahrte Evangelien-Handschrift. Sie war um 830 in Tours geschrieben; vgl. Bischoff, Schreibschulen 261.

burg und wurde von ihm dem Kloster St. Emmeram geschenkt. Hier hat sie hundert Jahre später die dort entstehende Buchmalerei zu intensivem Studium angeregt. Das Evangeliar war für den feierlichen Gottesdienst vor dem Kaiser bestimmt. Aus diesem Grund hat man es so kostbar ausgestattet. Der Text der Evangelien ist zweispaltig in goldenen Unzialbuchstaben geschrieben und mit einem Ornamentrahmen eingefaßt. Dazu kommen noch eine Reihe ganzseitiger Miniaturen, darunter f. 6v Christus, umgeben von den vier Evangelisten und den vier großen Propheten, sowie Bilder der einzelnen Evangelisten. Auch der Einband aus getriebenem Goldblech ist äußerst prachtvoll ausgestattet und mit vielen Edelsteinen und Perlen geschmückt.

Am Schluß der Handschrift findet sich ein »Capitulare Evangeliorum«, eine Liste der während des Jahres zu verlesenden Evangelien, wobei nur Anfang und Schluß der einzelnen Perikopen angegeben werden[102]. Der volle Text war im Evangeliar selbst nachzuschlagen[103].

Wie der Codex Aureus, geschrieben in der kaiserlichen Hofschule, nach St. Emmeram gelangt ist, so kam eine in der 1. Hälfte des 9. Jh. im Kloster Reichenau kostbar ausgestattete Psalter-Handschrift in Großformat an den königlichen Hof bzw. an die Kathedrale in Regensburg. Von diesem Codex sind nur mehr zwei Doppelblätter erhalten; das eine mit der Allerheiligenlitanei und nachfolgenden Orationen (ähnlich wie im Folchardpsalter von St. Gallen) befand sich lange Zeit in der Amberger Bibliothek und liegt jetzt in München[104], das andere wird in der Bischöflichen Zentralbibliothek Regensburg aufbewahrt[105]. Der Psaltertext nimmt die Mitte der Seite ein, während links und rechts in kleinerer Schrift umfangreiche Glossen (Zitate aus Psal-

---

[102] Herausgegeben von C. Sanftl, Dissertatio in aureum ac pervetustum SS. Evangeliorum codicem ms. Monasterii S. Emmerami Ratisbonae (Regensburg 1786) 155–252.
[103] Die Textvarianten gegenüber der Vulgata werden von Sanftl, a.a.O. 72–150 notiert.
[104] Herausgegeben von A. Beck, Kirchliche Studien und Quellen (Amberg 1903) 383–388.
[105] B. Bischoff, Die mittelalterlichen Bibliotheken Regensburgs, in: VO 113 (1973) 49–58, hier 51.

menerklärungen verschiedener Kirchenväter) angebracht sind, ähnlich denen im Psalter von Montpellier, von dem oben schon die Rede war.

Wenn auch nicht alle Liturgiebücher der damaligen Zeit in so verschwenderischer Pracht wie der Codex aureus oder das genannte Psalterium gehalten waren, so hat doch jede Kirche, die es sich einigermaßen leisten konnte, Wert darauf gelegt, ein möglichst kostbares Evangeliar für den Gottesdienst zu besitzen. Ein solches diente nicht nur für die feierliche Lesung des Evangeliums bei der Messe, es wurde auch bei Prozessionen mitgetragen. Es galt als Symbol für Christus, dessen Worte es enthält[106].

Außer den Evangeliaren, die die vier Evangelien und meist ein Capitulare Evangeliorum zum Inhalt haben, wurden auch sog. Evangelistare im Gottesdienst benutzt. In diesen sind die einzelnen Leseabschnitte voll ausgeschrieben und nach dem Kirchenjahr geordnet[107]. Aus Regensburg besitzen wir ein solches Evangelistar, das unter Bischof Tuto (894–930) geschrieben ist (wohl um 900) und das jetzt in der Universitätsbibliothek Graz (Cod. 771 aus St. Lamprecht) aufbewahrt wird. Schrift und Ausstattung sind einfach gehalten. Das Fest des Regensburger Patrons, des heiligen Emmeram, (f. 184v) ist durch eine Überschrift in Capitalis rustica ausgezeichnet, während die meisten anderen Lektionen Überschriften in schlichter Minuskel aufweisen[108].

*

Mit diesem Evangelistar stehen wir am Ende der Karolingerzeit, wenigstens was den deutschen Raum betrifft. Im Jahr 911 starb Ludwig das Kind und wurde in St. Emmeram begraben. Für die Stadt Regensburg ging damit eine glanzvolle Periode zu Ende.

Aus der Zeit bis zum Ende des 10. Jh. sind überhaupt keine liturgischen Handschriften aus der Donaustadt bekannt. Doch

---

[106] Vgl. St. Beißel, Geschichte der Evangelienbücher in der ersten Hälfte des Mittelalters (=Ergänzungshefte zu den »Stimmen aus Maria Laach« 92/93, Freiburg i. Br. 1906).
[107] Die frühen Evangelistare werden in CLLA Nr. 1115–1187 aufgeführt.
[108] Vgl. Bischoff, Schreibschulen 224; CLLA Nr. 1148 S. 460.

beginnt unter Bischof Wolfgang eine neue Blüte der Regensburger Buchkunst, die freilich einen ganz anderen Charakter hat als die agilolfingische oder karolingische. Zeugnisse dafür sind u.a. das sog. Wolfgangs-Sakramentar in Verona (Cod. Veronensis 87), eine z.T. auf Purpurpergament geschriebene Prachthandschrift, ein weiteres ähnlich prachtvolles Meßbuch in der Vaticana (Cod. Vat. lat. 3806), das Evangelistar in Pommersfelden, Schönborn'sche Bibliothek (Cod. 2821), und das Uta-Evangelistar von Niedermünster (Clm 13 601)[109]. Diese und andere Regensburger Prachthandschriften der damaligen Zeit sind von G. Swarzenski in Wort und Bild eingehend beschrieben[110]. Das sich im Cod. Vat. lat. 3806 findende älteste Regensburger Proprium wird im Appendix II vollständig ediert.

Regensburgs Malschule wurde damals im Abendland berühmt, wie die exportierten Prachthandschriften zeigen. So kam das Wolfgangs-Sakramentar noch zu Lebzeiten des Heiligen nach Verona, wahrscheinlich als Geschenk an den Bischof Otbert (992–1008)[111]. Im Gegensatz zur Agilolfinger Zeit ist nun Regensburg der gebende Teil.

---

[109] Vgl. CLLA Nr. 940, 941, 1157; Hinsichtlich der Regensburger Provenienz des Cod. Vat. lat. 3806 vgl. O. Heiming, in: Jahrbuch für Liturgiewissenschaft IV (1924) 185–187.
[110] G. Swarzenski, Die Regensburger Buchmalerei des 10. und 11. Jh. (Leipzig 1904). Hierher gehört wahrscheinlich auch ein Sakramentar, das jetzt in der Universitätsbibliothek von Bologna (Cod. 1084) aufbewahrt wird. Es handelt sich um eine Prachthandschrift, die im Stift Obermünster entstanden sein könnte, wie bereits Ebner, Quellen und Forschungen 6–12 vermutet hat. Für Obermünster spricht (neben der Propriumsmesse des hl. Emmeram) die Wendung »pro cuncta congregatione scae mariae« in einer Oration und das Blasius-Formular (ehem. Blasius-Kapelle in Obermünster!). Die Messe »in sacratione monachi« bedeutet keine Schwierigkeit, da es sich um einen Nachtrag des 12./13. Jh. handelt (vgl. Ebner a.a.O. 8 Anm. 1 und 9 oben).
[111] Vgl. A. Ebner, Das Sakramentar des hl. Wolfgang in Verona, in: Der Heilige Wolfgang (Regensburg 1894) 163–181, hier 165.

39

DIE RESTE DES REGENSBURGER
BONIFATIUS-SAKRAMENTARS

In der vorausgegangenen Einleitung wurde bereits im Zusammenhang mit anderen frühen Liturgiedenkmälern aus Regensburg kurz von den Fragmenten des Regensburger Bonifatius-Meßbuches gesprochen. Es gilt nun näher auf diese Fragmente einzugehen und sie anschließend zu edieren. Außerdem soll eine vollständige photographische Wiedergabe der in drei verschiedenen Bibliotheken aufbewahrten Doppelblätter erfolgen.

1. Am längsten bekannt ist das *Walderdorffer Fragment*.[1] Es war zu Ende des vorigen Jahrhunderts von Hugo Graf Walderdorff in Regensburg gefunden und von ihm erstmals in Auszügen bekannt gemacht worden. Mit dem Doppelblatt war, so schreibt er, »ein ursprünglich aus dem Bischöflichen oder Domkapitelschen Archive herrührender Aktendeckel überzogen«.[2]

Eine wissenschaftliche Edition dieser Kalendarblätter sowie eine eingehende Untersuchung des Fragments erfolgte durch P. Siffrin.[3] Dieser Sakramentarforscher wies auf Beziehungen zum Willibrord-Kalendar von Echternach (Paris, B.N. ms. lat. 10837) und zu den ältesten Kalendarien von Monte Cassino hin.[4]

---

[1] Jetzt im Besitz des Grafen Walderdorff auf Schloß Hauzenstein (bei Regensburg); vgl. CLLA Nr. 412 (mit weiterer Literatur). Es wäre zu wünschen, daß das kostbare Fragment einer öffentlichen Bibliothek zugeführt würde.

[2] H. von Walderdorff, Regensburg in seiner Vergangenheit und Gegenwart (⁴Regensburg 1896) 20.

[3] P. Siffrin, Das Walderdorffer Kalenderfragment saec. VIII und die Berliner Blätter eines Sakramentars aus Regensburg, in: Ephem. lit. 47 (1933) 201–224, idem, in: L.C. Mohlberg – L. Eizenhöfer – P. Siffrin, Missale Francorum (=RED Fontes II, Roma 1957) 79–83.

[4] Vgl. E.A. Loew (=Lowe), Die ältesten Kalendarien aus Monte Cassino (=Quellen und Untersuchungen zur lateinischen Philologie des Mittelalters III, 3 München 1908).

Auch das Kalendar eines jetzt erst edierten Missale von Canosa (Apulien) kann zum Vergleich herangezogen werden.[5] Im Gegensatz zu den genannten Kalendarien, die teilweise einige Jahrhunderte jünger sind als das Walderdorffer Fragment, sind in diesem, wie die vor der Angabe des Namens des betreffenden Tagesheiligen stehende rote Rubrik »ort et pr« (=orationes et preces) beweist, eine Reihe von Tagen besonders ausgezeichnet. Die betreffenden Heiligen dürften wie bereits P. Siffrin vermutet hat,[6] auch im Sakramentar selbst mit eigenen Formularen vorgekommen sein.

Besonders auffällig sind unter diesen die zahlreichen kampanischen Heiligen, wie Juliana (Cumae bei Neapel), Rufus (Capua), Priscus (Nocera bei Nola) sowie Marcellus und Apuleius (Capua). Sie weisen auf die Heimat des Sakramentar-Typus hin, zu dem das Regensburger Bonifatius-Meßbuch gehört, nämlich Kampanien.[7] Wie kommt jedoch, so muß man sich fragen, durch Bonifatius ausgerechnet ein kampanisches Liturgiebuch nach Regensburg?

Der Grund, warum die angelsächsischen Missionare kampanische Meßbücher benutzt haben, liegt in der Person eines gewissen Hadrian begründet. Dieser war zuerst Abt des Insel-Klosters Nisida bei Neapel, dann Begleiter des von Papst Vitalian i. J. 668 zum Erzbischof von Canterbury ernannten Theodor, eines gebürtigen Griechen. Abt Hadrian hat damals Bücher, die für den Gottesdienst im angelsächsischen Missionsgebiet benötigt wurden, aus seinem kampanischen Kloster nach Canterbury mitgebracht.[8]

[5] Vgl. S. Rehle, Missale Beneventanum von Canosa (= Textus patristici et liturgici 9, Regensburg 1972) 31–48. Eine eingehende Untersuchung, die hier jedoch nicht durchgeführt werden kann, ergibt, daß der Grundstock dieses Kalendars weitgehend mit dem Walderdorffer Fragment übereinstimmt; so lautet z. B. der Eintrag am 3. und 4. Juli, wo zwei Translationen erwähnt werden, fast völlig gleich.
[6] Siffrin, Das Walderdorffer Kalendarfragment 216f.
[7] Vgl. K. Gamber, Das kampanische Meßbuch als Vorläufer des Gelasianum, in: Sacris erudiri XII (1961) 43–51; A. Chavasse, Le sacramentaire Gélasien (Paris 1958) 271–402, bes. 283–288; Untersuchungen, die freilich von Chavasse unter einem ganz anderen Gesichtspunkt gemacht wurden.
[8] Vgl. Beda, Historia eccle. gentis Anglorum 4,1 (PL 96,171); K. Gamber, Das altkampanische Sakramentar, in: Rev. bénéd. 79 (1969) 329ff.; P. Siffrin, in: JLW X (1930) 22f. Mit dem gleichen Problem hat sich bereits beschäftigt J. Chapman, The Capuan Mass-Books of Northumbria, in: Notes on the early History of the Vulgate Gospels (Oxford 1908) 144–161.

Einige dieser Codices sind uns erhalten geblieben, andere nur in späteren Abschriften. So besitzen wir noch eine Evangelien-Harmonie mit den Paulusbriefen, denen eine Liste der in Kampanien gebräuchlichen Epistellesungen beigefügt ist. Der kostbare Codex war, nach einer beigefügten Notiz zu schließen, unter Bischof Victor von Capua (541–554) geschrieben worden. Später befand er sich, wie in der Einleitung bereits kurz erwähnt, im Besitz des heiligen Bonifatius, der ihn im Kloster Fulda zurückgelassen hat, wo er heute noch aufbewahrt wird.[9] Eine weitere von Hadrian aus Kampanien nach Canterbury mitgebrachte Handschrift stellt allem Anschein nach das sog. Burchard-Evangeliar in Würzburg dar, das nur wenig jünger als der Victor-Codex ist (2. Hälfte des 7. Jh.). In ihm sowie im Evangeliar von Lindisfarne (um 700) und in einer weiteren Handschrift in London ist eine Evangelien-Perikopenliste eingetragen. Das Vorkommen des Festes des heiligen Januarius (mit Vigil), des Patrons von Neapel, weist neben anderen Beobachtungen auf eine neapolitanische Vorlage hin.[10] Es lassen sich zahlreiche Hinweise finden, auf die jedoch hier nicht näher eingegangen werden kann, daß das kampanische Meßbuch des 7. Jh., das damals von Abt Hadrian nach England gebracht worden war, im wesentlichen auf das von Gennadius erwähnte Sakramentar des Paulinus von Nola († 431) zurückgeht. Dieses stellt das älteste derartige Liturgiebuch aus Italien dar.[11]

Unsere ehemalige Regensburger Handschrift, die nur fragmentarisch erhalten ist, bildet den wichtigsten Zeugen dieses als Ganzes verlorenen Meßbuch-Typus. Außer unserer Handschrift sind nur noch kleinere Bruchstücke weiterer ähnlicher Sakramentare auf uns gekommen. Wir veröffentlichen diese Fragmente unten zusammen mit den Resten des Regensburger Codex.

Den Nachweis, daß das Regensburger Meßbuch auf Bonifatius zurückgeht und daß dieser Typus von ihm gebraucht worden ist, hat H. Frank erbracht und zwar u.a. aufgrund von Anspielungen

---

[9] Vgl. CLLA Nr. 401 (mit weiterer Literatur).
[10] Vgl. CLLA Nr. 404–407 (mit weiteren Angaben).
[11] Vgl. Gamber, Das kampanische Meßbuch als Vorläufer des Gelasianum. Ist der hl. Paulinus von Nola der Verfasser? a.a.O. 5 ff.

an Orationen, die sich in den Schriften des Heiligen finden.[12] Es soll hier der Hinweis darauf genügen.

2. Das 2. *Doppelblatt* kam durch einen Regensburger Buchbinder i. J. 1920 in die Staatsbibliothek in Berlin (jetzt Ms. lat. Fol. 877).[13] Es trägt oben in der Mitte die Jahreszahl 1653. Wir werden auf diese Tatsache bei der Besprechung des 3. Doppelblatts näher eingehen.

Das Berliner Fragment enthält Stücke aus dem Sakramentar und zwar Teile der Formulare der Weihnachts- und Fastenzeit. Die Formulare lassen sich als Ganzes in keinem anderen Meßbuch nachweisen, dagegen kommen die meisten Formeln auch anderswo vor. In einer eigenen Studie konnte nachgewiesen werden, daß in unserm kampanisch-angelsächsischen Sakramentar der Urtypus vorliegt, aus dem die späteren römischen Meßbücher geschöpft haben.[14]

Eine direkte Weiterführung unseres Typus liegt in den beneventanischen Plenarmissalien des 10./11. Jh. (ältere sind nicht erhalten)[15] vor. Auch die mailändischen Sakramentare bauen auf dem kampanischen Meßbuch des Paulinus auf.[16] Zahlreiche Formeln kehren ferner im sog. Leonianum wieder, einer Sammlung

---

[12] H. Frank, Die Briefe des hl. Bonifatius und das von ihm benutzte Sakramentar, in: St. Bonifatius. Gedenkgabe zum zwölfhundertjährigen Todestag (Fulda 1954) 58–88; Th. Klauser, in: JLW XIII (1935) Nr. 272 S. 358.
[13] Herausgegeben von P. Siffrin, Zwei Blätter eines Sakramentars in irischer Schrift des 8. Jh., in: JLW X (1930) 1–39; idem, in: Mohlberg, Missale Francorum 71–79
[14] Vgl. oben Fußnote 7, bes. 108–111.
[15] Vgl. CLLA S. 238 ff. Grundlegend die Studie von A. Dold, Die Zürcher und Peterlinger Meßbuchfragmente (=Texte und Arbeiten 25, Beuron 1934).
[16] Vgl. CLLA S. 262 ff. Wir nennen im folgenden nur das älteste erhaltene ambrosianische Sakramentar, das von Bergamo; herausgegeben von A. Paredi, Sacramentarium Bergomense (=Monumenta Bergomensia VI, Bergamo 1962), abgekürzt: AmB. – Wenn das kampanisch-angelsächsische Sakramentar vollständig erhalten wäre, ließe sich die Abhängigkeit des Mailänder Meßbuchs von diesem leichter verfolgen, ebenso auch der Einfluß des Paulinus-Sakramentars auf die gallikanischen Liturgiebücher, wo sich in den jüngeren Handschriften immer mehr »römische« Orationen finden. Eine grundlegende Untersuchung fehlt noch; Hinweise in: Sacris erudiri XII (1961) 89–94; ebd. XIII (1962) 343–345; Rev. bénéd. 81 (1971) 22–29.

von Meßlibelli der Päpste vor Gregor d. Gr. (=L),[17] sowie im sog. Gelasianum, wie es im Codex Vaticanus (=V)[18] vorliegt. Früher hat man die umgekehrte Meinung vertreten, daß nämlich Formeln aus den eben genannten Typen die Quelle für das angelsächsische Sakramentar abgegeben haben. Es ist jedoch nicht einzusehen, aus welchem Grund die Angelsachsen Gebete aus so verschiedenen Quellen, die ihnen zudem kaum zugänglich gewesen waren, zur Bildung ihrer Meßbücher herangezogen haben sollen. Man hat doch damals im 7./8. Jh. brav abgeschrieben. Die Ausbildung von Sakramentaren liegt in einer viel früheren Zeit. Sie ist um 600 abgeschlossen.[19]

Das Berliner Blatt ist das einzige Stück aus dem Proprium de tempore, das aus dem Regensburger Bonifatius-Meßbuch erhalten ist. Wir können jedoch die hier vorliegenden Formulare durch Fragmente aus weiteren Handschriften ergänzen, was unten bei der Edition erfolgen wird. Dadurch gewinnen wir einigermaßen ein Bild dieses kampanisch-angelsächsischen Sakramentar-Typus.

3. Den jüngsten Fund stellt das *3. Doppelblatt* dar. Es wurde von mir im September 1974 in den Beständen des Bischöflichen Zentralarchivs unter den Bischöflich-Domkapitelschen Archivalien, aus denen auch die beiden oben genannten Doppelblätter stammen, zufällig gefunden (jetzt Cim 1.).[20] Das Regensburger Blatt trägt an der gleichen Stelle wie das Berliner sowie in der gleichen Schrift die Jahreszahl 1649. Es hat als Einbanddeckel einer Rechnung der St. Wolfgangsbruderschaft[21] für dieses Jahr gedient.

Wie die übrigen Archivalien im Bischöflichen Zentralarchiv

---

[17] Vgl. CLLA Nr. 601. Herausgegeben von L.C. Mohlberg – L. Eizenhöfer – P. Siffrin, Sacramentarium Veronense (=RED Series maior, Fontes I, Roma 1956).

[18] Vgl. CLLA Nr. 610. Herausgegeben von L.C. Mohlberg – L. Eizenhöfer – P. Siffrin, Liber Sacramentorum (=RED Fontes IV, Roma 1960).

[19] Vgl. K. Gamber, Missa Romensis. Beiträge zur frühen römischen Liturgie und zu den Anfängen des Missale Romanum (=Studia patristica et liturgica 3, Regensburg 1970) 89–169.

[20] Herausgegeben von K. Gamber, Das Regensburger Fragment eines Bonifatius-Sakramentars. Ein neuer Zeuge des vorgregorianischen Meßkanons, in: Rev. bénéd. 85 (1975) 266–302.

[21] Zur Regensburger St. Wolfgangsbruderschaft vgl. P. Mai, in: Beiträge zur Geschichte des Bistums Regensburg VI (Regensburg 1972) 105–117.

aus dieser Zeit zeigen, hat man diese in den Jahren nach dem Dreißigjährigen Krieg fast ausschließlich mit Pergamentblättern aus ehemaligen Handschriften der Dombibliothek, vor allem aus Liturgiebüchern, die nicht mehr im Kathedralgottesdienst gebraucht wurden, eingebunden.[22] Trotz eifrigen Suchens konnten im Bischöflichen Zentralarchiv bis jetzt keine weiteren Blätter des Regensburger Bonifatius-Meßbuches mehr gefunden werden; womit jedoch nicht gesagt ist, daß nicht doch noch solche vorhanden sein können. Vielleicht fördert eine systematische Durchsicht des gesamten Bestandes, die in den nächsten Jahren erfolgen soll, neue Funde zutage.

Das neue Regensburger Blatt enthält einen großen Teil des Canon missae und zwar in einer altertümlichen Fassung, die vor der Zeit des Papstes Gregor I liegt.[23] Der Canon dürfte, wie andernorts nahegelegt werden konnte, am Anfang des Sakramentarteils unmittelbar nach dem Kalender seinen Platz gehabt haben.[23a]

4. Wenn man eine Rekonstruktion der *ursprünglichen Lage der Blätter* versuchen will, dürfen wir davon ausgehen, daß das Kalendarblatt zu Beginn des ehemaligen Meßbuches seinen Platz gehabt hat. Es ist dies auch in andern Liturgiebüchern der Fall. Da vom Kalender die Monate Juli bis Oktober erhalten sind und jeder Monat auf einer eigenen Seite zu stehen kommt und außerdem ein Doppelblatt vorliegt, kann es sich nur um die beiden

[22] Dies geschah in einer Zeit, als man anderswo Sakramentare, die auf ein ähnlich hohes Alter zurückblicken wie die ehemalige Regensburger Handschrift, in ihrer Bedeutung erkannt hat und daran ging sie zu edieren, so etwa das Missale Gothicum und das Sacramentarium Gelasianum in der Vaticana (1680), sowie das Bobbio-Missale in Paris (1687). Das aus dem 10. Jh. stammende Sacramentarium Gregorianum (mixtum), ebenfalls in der Vaticana (Cod. lat. 3806), von dem bereits oben am Schluß der Einleitung die Rede war (vgl. auch Appendix II), wurde sogar schon i. J. 1593 von A. Rocca herausgegeben. Diese in Regensburg geschriebene Prachthandschrift hat wahrscheinlich deshalb Beachtung gefunden, weil in ihr Papst Gregor als Verfasser im Titel genannt wird, während unser Bonifatius-Meßbuch keine derartige »Etikette« aufweisen konnte.

[23] Zu den einzelnen Redaktionen des Canon vgl. F. Cabrol, Canon romain, in: DACL II, 1847–1905 (mit der älteren Literatur); C. Callewaert, Histoire positive du Canon romain, in: Sacris erudiri II (1949) 95–110; B. Botte – Chr. Mohrmann, L'ordinaire de la messe. Texte critique, traduction et études (= Etudes liturgiques 2, Paris-Louvain 1953); L. Eizenhöfer, Canon missae romanae (= RED Subsidia 1 und 7, Roma 1954/66).

[23a] Vgl. Gamber, Das Regensburger Fragment 291.

inneren Blätter (4 und 5) des (vermutlich) 1. Quaternio[24] gehandelt haben. Auf den drei ersten jetzt fehlenden Blättern haben die Monate Januar bis Juli Platz gehabt, auf dem 6. Blatt dieses 1. Quaternio die Monate November und Dezember. Welcher Text auf den zwei restlichen Blättern der 1. Lage, ferner auf dem 1. Blatt der 2. Lage vorhanden war, wissen wir nicht. Vielleicht blieben sie leer oder es befanden sich auf ihnen, wie in andern Codices, weitere Kalenderangaben, so die »Dies aegyptiaci«.[25] Auf dem 2. Blatt der 2. Lage könnte dann, nach einer Schmutzseite auf Blatt 1, der Meßkanon begonnen haben, der bis zum 6. Blatt dieser Lage gereicht hat. Erhalten ist auch hier das innere Doppelblatt (Blatt 4 und 5).

Auf dem 6. Blatt der 2. Lage begann vermutlich das eigentliche Sakramentar, von dem auf dem einzigen erhaltenen Doppelblatt, das wohl ehedem dem 3. Quaternio angehört hat, auf Blatt 1 der restliche Teil der (2.) Weihnachtsmesse und auf Blatt 8 ein Stück aus den Formularen der Fastenzeit erhalten ist. Hier handelt es sich also um das Außenblatt der Lage (Blatt 1 und 8).

5. Einige Worte zur Größe und zur *Schrift* der einzelnen Blätter. Das Walderdorffer Fragment hat eine Gesamtgröße von 327 : 485 mm, das Einzelblatt mißt 327 : 243 mm. An der einen Seite des Berliner und des Regensburger Blattes ist jeweils ein Streifen abgeschnitten. Die Gesamtgröße beträgt jetzt 328 : 486 bzw. 327 : 456 mm. Der Schriftspiegel ist 180 : 240 mm. Die Kalendarseiten sind in Langzeilen, die übrigen Seiten sind zweispaltig mit je 23 Zeilen beschrieben.

Es handelt sich um ein feines Kalbpergament. Die Haarseite ist besser zu lesen als die Fleischseite, weil hier die rückwärtige Schrift stark durchscheint. Vom Regensburger Blatt lag die Fleischseite, in der Zeit als das Blatt als Einband des Archivstücks diente, außen und war daher in stärkerem Maße der Abnutzung ausgesetzt. Der untere Teil der rechten Hälfte dieser Fleischseite ist zudem noch durch eine Flüssigkeit, die früher einmal darüber

---

[24] Es kann sich natürlich ebenso auch um Quinionen, d.h. Lagen mit 5 Doppelblättern gehandelt haben.
[25] Vgl. R. Bauerreiss, Zwei alte Kalendarien aus Wessobrunn in Oberbayern, in: Studien und Mitteilungen OSB 72 (1961) 171–192.

geschüttet worden war, weithin unleserlich. Auch unter der Quarzlampe ist nicht mehr jedes Wort sicher zu erkennen. Die Schrift ist nach B. Bischoff »eine schöne, zuchtvolle angelsächsische Majuskel northumbrischen Typs in der schlanken und gedrängten Form, die zur Minuskel überleitet . . . Sie gebraucht *d* und unziales *d*; die Minuskelformen von *n* und *r*, die Majuskelformen von *s* überwiegen . . . die roten Rubriken in der gleichen Schreibart. Initialen im angelsächsischen Stil, rot umpunktet. Die Schrift und die Art des Materials sind echt englisch.«[26]

Im Regensburger Blatt findet sich als zusätzlicher Schmuck vor den einzelnen Gebeten des Canon fast regelmäßig eine rote Zierzeile, die aus sechs Gruppen von jeweils drei oder vier auf der Zeile stehenden Punkten besteht und zwischen denen ein *V*-artiges Zeichen eingefügt ist; den Schluß der Zeile bilden stets drei Punkte, die zu einem Dreieck angeordnet sind, sowie ein nach oben gezogener Strich.

Im Kalendarblatt ist jeweils die Initiale KL (=Kalendis) zu Anfang jeden Monats reich verziert. Rot geschrieben sind die »litterae lunales«, ebenso die Iden. Von den Festen sind die Marien-, Johannes- und Apostelfeste ebenfalls durch Rotschrift ausgezeichnet.

6. Noch ein Wort zu den *Editionsgrundsätzen*. Da alle Texte bereits anderswo handschrift- und zeilengetreu ediert sind, genügt hier eine einfache Wiedergabe des Textes, wobei das Kolorit der Handschrift jedoch erhalten bleiben soll, ohne gleichzeitig jeden Fehler des Schreibers zu übernehmen. Die wenigen Kürzungen, mit Ausnahme des Kalendars und der Nomina sacra (ds=deus, dns=dominus, xps=Christus, ihs=Jesus, sps=spiritus, scs= sanctus), werden aufgelöst. Stücke in runden Klammern sind Ergänzungen der defekten Handschrift. In eckigen Klammern stehen Stücke, die in der Handschrift fehlen, jedoch in der Vorlage vermutlich noch vorhanden waren.

Die Schreibweise der Handschrift wird übernommen, so die irische Form »quaessumus« statt »quaesumus«, ein Wort, das im

---

[26] B. Bischoff, Die südostdeutschen Schreibschulen und Bibliotheken in der Karolingerzeit I (Wiesbaden 1940 bzw. Nachdruck 1960) 183 f. Bischoff schreibt versehentlich: Minuskel.

Gegensatz zu späteren liturgischen Handschriften bei uns regelmäßig ausgeschrieben ist (sonst abgekürzt »qs«).

Wir edieren im folgenden die Fragmente des Regensburger Bonifatius-Sakramentars zusammen mit Resten des gleichen Typus aus weiteren angelsächsischen Handschriften des 8. Jh. Jedes einzelne Fragment erhält eine eigene kurze Einführung.

Die im Bonifatius-Sakramentar auftretenden Orationen lassen sich in folgenden Handschriften nachweisen (hier in den Editionen weitere Belege):

AmB = Ambrosianisches Sakramentar von Bergamo (ed. A. Paredi)
L   = Römische Libelli im sog. Leonianum (ed. L.C. Mohlberg)
MFr = Missale Francorum (ed. L.C. Mohlberg)
V   = Gelasianum im Codex Vaticanus (ed. L.C. Mohlberg)

Wenn die Formeln in den genannten Handschriften nicht erscheinen, wird auf eines der folgenden Sakramentare verwiesen:

A   = Sakramentar von Angoulême (ed. P. Cagin)
B   = Beneventanisches Missale von Benevent (ed. S. Rehle)
Bo = Bobbio-Missale (ed. E.A. Lowe)
Ca = Beneventanisches Missale von Canosa (ed. S. Rehle)
F   = Sakramentar von Fulda (ed. G. Richter – A. Schönfelder)
Go = Missale Gothicum (ed. L.C. Mohlberg)
H   = Gregorianum Hadrianum (ed. L. Lietzmann)
S   = Sakramentar von St. Gallen (ed. K. Mohlberg)
Sto = Stowe-Missale (ed. G.F. Warner)

Näheres zu den Handschriften und Siglen in CLLA, hier auch genaue Angaben zu den Editionen.

I.

Das Kalendarblatt von Ilmmünster

Es ist wie das Regensburger Bonifatius-Sakramentar in northumbrischer Majuskel und etwa auch zur gleichen Zeit wie dieses geschrieben. Das Fragment stellt das in seiner oberen und unteren Hälfte etwas beschnittene Blatt eines Kalendars mit den Monaten Mai und Juni dar.[27] Es gehörte ehedem vielleicht, wie das Walderdorffer Fragment, zu einem Sakramentar, sicher aber zu einem Liturgiebuch, jedenfalls ist es eine willkommene Ergänzung zu jenem, das erst im Monat Juli einsetzt.

Die nekrologischen Einträge von erster Hand verzeichnen am 9. Mai den König Deira Osrich († 634), am 20. Mai den 655 gefallenen northumbrischen König Ecfrid. Am 23. Juni steht der Name der in England viel verehrten Königstochter Etiltrud. Von den beiden im Kalendar erwähnten Bischöfen ist der eine der Abtbischof Eadberth von Lindisfarne († um 700), der andere der Yorker Bischof Johannes von Beverley (6. bzw. 7. Mai).

Die späteren Einträge sind in Südbayern erfolgt; so wird am 11. Mai die Kirchweihe von Ilmmünster vermerkt, ebenso die Übertragung des hl. Quirinus in Tegernsee am 16. Juni. Von diesem Heiligen war in Ilmmünster eine größere Reliquie vorhanden. Am 12. (statt richtig 14.) Juni ist der Todestag des Regensburger Bischofs Embricho († 891), am 13. Juni der des Hatto, Erzbischofs von Mainz († 913), ehemals Mönch von der Reichenau, eingetragen. Wer der am 14. Juni verzeichnete Erchanpald war, ließ sich nicht feststellen.

---

[27] Herausgegeben von R. Bauerreiss, Ein angelsächsisches Kalendarfragment des bayerischen Hauptstaatsarchivs in München, in: Studien und Mitteilungen OSB 51 (1933) 177–182; P. Grosjean, Un fragment d'obituaire anglosaxon, in: Analecta Bollandiana 79 (1961) 320–345; CLLA Nr. 234 (weitere Literatur).

In den folgenden Kalendarblättern sind die späteren Hinzufügungen regelmäßig in Kursive wiedergegeben. Die ehemalige
Handschrift ist, wie diese Nachträge beweisen, bis ins 10. Jh.
benützt worden.[28]

(Mai)

(dies xxxj		lunae xxx)		
1				[.....]
2				
3	(e)	v	non	nt scorum alexandri //////// *inuentio sce crucis*
4	(f)	iiij	non	*nt passio sci floriani*
5	(g)	iij	non	ascensio dni ad caelos
6	(h)	ij	non	depos eadberhti episc
7	(i)	nonas		*iuuenalis* depos iohannis episc † *dep papae ///*
8	k	viij	id	nt sci uictoris mart(yris)
9	l	vij	id	aestatis (ini)cium * habet dies CX. depositio osrici regis
10	m	vj	id	nt sci gordiani mart *et epimachi*
11	n	v	id	*dedicatio basilicae sci arsacii presb et confessoris ad ilmina*
12	o	iiij	id	nt sci panchrati mart uia aurelia † *et (nerei et achi)llei*
13	p	iij	id	dedicatio bassilicae beatae mariae † *depos hattoni monach(i)*
14	q	ij	id	nt sci hisidori et nt sci bonifaci in aduentino *dedicatio ad ////*
15	r	idus		primum penticosten nt sci marcori mart
16	s	xvij	kl	iunius
17	t	xvj	kl	

[28] Dies spricht an sich gegen die oben geäußerte Vermutung, daß es sich
um ein Stück aus einem Sakramentar handelt, da dieser alte Meßbuch-Typus
spätestens in der Mitte des 9. Jh. dem gregorianischen Sakramentar weichen
mußte.

18	u	xv	kl		nt sci marci euang
19	a:	xiiij	kl		nt scae pudentianae in aquilone
20	b:	xiij	kl		nt scae bassillae (Ec)fridi regis *dedicatio* (. . .)
21	c:	xij	kl		
22	d:	xj	kl		
23	e:	x	kl		
24	(f:)	(viiij)	kl		
25					[. . . . .]
26					
27					
28					
29					
30					
31					

(Juni)

(dies xxx		lunae xxviiij)			
1					[. . . . .]
2					
3					
4	(r:)	ij	non		
5	(s:)	nonas			*passio domni bonefacii epi*
6	(t:)	viij	idus		dedicatio scae crucis et altaris
7	(u:)	vij	id		nt sci columbae
8	(a)	vj	id		*nat sci medardi ep et conf*
9	(b)	v	id		nt scorum primi et feliciani in celio monte
10	(c)	iiij	id		
11	(d)	iij	id		nt sci barnabae apostoli
12	(e)	ij	id		nt sci basilidis //// *cyrini naboris et nazarii dep empricho epi*
13	(f)	Idus			*nat sci ////*
14	(g)	xviij	kl	iulius	nt sci helisei prophetae *dep erchanpaldi*
15	(h)	xvij	kl		nt sci uiti

51

16 (i)	xvj	kl	*translatio sci quirini in loco qui dicitur ad tegarinseo hono |||| ab episcopis leuatus et transplantatus*
17 (k)	xv	kl	nt scorum diogenis et blosti et aliorum mar |||| in salaria numeri CCLXII
18 (l)	xiiij	kl	nt scorum marci et marcelliani uia appia
19 (m)	xiij	kl	nt scorum gerbasi et protasi |||||| ad scm uitalem
20 (n)	xij	kl	
21 (o)	xj	kl	
22 (p)	x	kl	nt sci iacobi apostoli
23 (q)	viiij	kl	*obitus* |||| *diac* depositio aethildrudis ||||
24 (r)	viij	kl	|||||||| iohannis baptistae
25			[. . . . .]
26			
27			
28			
29			
30			

Das Walderdorffer Fragment

Im Gegensatz zum Kalendarblatt von Ilmmünster, das, wie die Hinzufügungen zeigen, bis ins 10. Jh. benutzt worden war, finden sich in unserm Regensburger Fragment, das die Monate Juli bis Oktober umfaßt, nur Eintragungen bis in die Zeit der Absetzung des Herzogs Tassilo III (788).[29] Diese sind zum größten Teil in der Zeit des von Bonifatius eingesetzten Bischofs Gaubald (739–761) erfolgt.[30] So findet sich am 22. September eine Hinzufügung »in insular beeinflußter vorkarolingischer Minuskel« (B. Bischoff): »et sci emhrammis«. Dieser Eintrag in das Kalendar erfolgte vermutlich etwa zur gleichen Zeit, als unter Gaubald der Leichnam des heiligen Emmeram erhoben und in einem Grab unter dem Hochaltar der neu erbauten St. Emmeramskirche beigesetzt wurde.[31] Am 14. Oktober ist »in angelsächsischer Schrift« (B. Bischoff) der Todestag des Herzogs Theodbald († um 724) vermerkt. Der jüngste Nachtrag ist am 8. Oktober: »n(a)t(ale) theotoni filio tassiloni duce« und zwar »in frühkarolingischer Minuskel«. Dieser Eintrag dürfte noch vor 788 erfolgt sein.

Dadurch wird aber auch eine liturgische Verwendung des Liturgiebuchs nach der Absetzung Tassilos wenig wahrscheinlich. Man hätte sonst im Kalendar diese Erinnerung an das abgesetzte Herzogshaus getilgt, ähnlich wie dies in einem Prachtpsalter, der der herzoglichen Familie gehört hat und von dem in der Einleitung kurz die Rede war, geschehen ist.[31a] Auch findet sich bei uns, im

---

[29] Edition siehe oben Fußnote 3.
[30] Vgl. die Angaben von B. Bischoff bei P. Siffrin, Das Walderdorffer Kalenderfragment, in: L.C. Mohlberg, Missale Francorum (Roma 1957) 80–85.
[31] Vgl. J.A. Endres, Die neuentdeckte Konfessio des hl. Emmeram in Regensburg, in: Römische Quartalschrift 9 (1895) 1ff.
[31a] Vgl. Fr. Unterkircher, Die Glossen des Psalters von Mondsee (=Spicilegium Friburgense 20, Freiburg/Schweiz 1974) 46.

Gegensatz zum voraus genannten Fragment, kein Nachtrag, der mit Sicherheit aus der Zeit nach 788 stammt. In der folgenden Edition des Walderdorffer Fragments werden Worte in Rotschrift gesperrt, Hinzufügungen in Kursiv wiedergegeben. In roten Buchstaben ist auch das Marienfest am 16. August verzeichnet, an diesem Tag auch im Willibrordskalendar und im Echternacher Martyrologium. Wahrscheinlich liegt ein Fehler des Prototyps vor. Das gleiche gilt für »depos(itio) faustini« statt »augustini« am 28. August.

Beachtenswert der Eintrag von 1. Hand am 30. September »honori episc(opi) et confes(soris)«. Es handelt sich um Honorius, Bischof von Canterbury († 653). Am 14. Oktober findet sich das Gedächtnis des Paulinus, Bischof der gleichen Stadt († 644).

Zu erwähnen ist noch die spätere Eintragung eines fränkischen Heiligen, des Märtyrers Quintinus am 31. Oktober. Diese Einfügung ist nach B. Bischoff in »kräftiger vorkarolingischer Schrift« geschehen und könnte nach seiner Meinung von einer fränkischen Hand herrühren. Von einer »festen italienischen Hand«, vielleicht aus dem Gebiet von Benevent (B. Bischoff) stammt der Eintrag »tintone« am 8. September. Wie man sieht, muß es zur Zeit des Herzogs Tassilo III in Regensburg recht »international« zugegangen sein.

(Juli)

(dies xxxj		lunae xxx)		
1 (e)		kl		gaii episcopi romae
2 f	vj	non		
3 g	v	non		translatio thomae aps in edissa ciuit
4 h	iiij	non		translatio sci martini epis in gallis
5 i	iij	non		
6 k	ij	non		orat et pr in occtabas apostolo petri et pauli
7 l	nonas			
8 m	viij	id	iul	
9 n	vij	id	iul	

10	o	vj	id	iul	nt VII fratrum id est felicis philippi uitalis (martialis) alexandri siluani ianuari et alior XXXVIII
11	p	v	id	iul	in alexandria nt eutici et eufemiae mar depos sci benedicti
12	q	iiij	id	iul	
13	r	iij	id	iul	
14	s	ij	id	iul	
15	t	idus		iul	
16	u	xvij	kl	agusti	
17	a:	xvj	kl	agu	
18	b:	xv	kl	agu	
19	c:	xiiij	kl	agu	scae sabini in damasco
20	d:	xiij	kl	agu	
21	e:	xij	kl	agu	passio sci appollinaris mart
22	f:	xj	kl	agu	
23	g:	x	kl	agu	
24	h:	viiij	kl	agu	
25	i:	viij	kl	agu	passio iacobi apos fs iohannis euangelistae hieros
26	k:	vij	kl	agu	
27	l:	vj	kl	agu	ort et pr in die adsumptionis sci simeonis monachi in syr
28	m:	v	kl	agu	nt nazari et pueri eius celsi
29	n:	iiij	kl	agu	
30	o:	iij	kl	agu	
31	p:	ij	kl	agu	

(August)

(dies)	xxxj	lunae xxviii(j)			
1	q:		kl	agusti	ort et pr in (macchabeorum)
2	r:	iiij	non		
3	s:	iij	non		
4	t:	ij	non		
5	u:	nonas			

55

6	a:	viij	idus	agu	ort et pr in nt sci syxti episco et mar rom
7	:b	vij	id	agu	ort et pr in nt sci donati in aretio
8	:c	vj	id	agu	
9	:d	v	id	agu	ort et pr in ieiunio sci laurenti
10	:e	iiij	id	agu	ort et pr in natlae sci laurenti diac et mar rom et in alio loco uiror XII et uigin XIII
11	:f	iij	id	agu	
12	:g	ij	id	agu	
13	:h	idus		agu	or et pr in nt sci ypoliti mar rom
14	:i	xviiij	kl	septemb	
15	:k	xviij	kl	sep	/////// sci xpofari
16	:l	xvij	kl	sep	ort et pr in natiuitate sce mariae
17	:m	xvj	kl	sep	
18	:n	xv	kl	sep	
19	:o	xiiij	kl	sep	ort et pr in nt sci magni in frabiteriae
20	:p	xiij	kl	sep	
21	:q	xij	kl	sep	
22	:r	xj	kl	sep	
23	:s	x	kl	sep	
24	:t	viiij	kl	sep	
25	a	viij	kl	sep	passio bartholomei apos in india et in alinitar (= are-lato?) geni(si) et in siria iuliani autumnus oritur
26	b	vij	kl	sep	
27	c	vj	kl	sep	ort et pr in nt sci rufi in campania capua
28	d	v	kl	sep	depos faustini epis in africa et sci hermes mar rom
29	e	iiij	kl	sep	ort et pr in die pass iohannis bb in emesia ciuitate
30	f	iij	kl	sep	
31	g	ij	kl	sep	

(dies xxx		lunae xxx)		
1 h		kl	septemb	ort et pr in nt sci prisci in capua
2 i	iiij	non		
3 k	iij	non		
4 l	ij	non		
5 m	nonas			ort et pr in nt sci quinti con-fessoris in campania
6 n	viij	idus		
7 o	vij	id	sep	ort et pr in nt sci sinoti campania capua
8 p	vj	id	sep	nt timothei in antiochia *tintone*
9 q	v	id	sep	nt gorgoni rom
10 r	iiij	id	sep	in alexandria DCCC mar
11 s	iij	id	sep	
12 t	ij	id	sep	
13 u	idus		sep	
14 a:	xviij	kl	octemb	ort et pr in nt sci cipriani in cartagine et corneli rom
15 b:	xvij	kl	oct	
16 c:	xvj	kl	oct	
17 d:	xv	kl	oct	
18 e:	xiiij	kl	oct	
19 f:	xiij	kl	oct	ort et pr in nt sci ianuari in campania neapoli
20 g:	xij	kl	oct	
21 h:	xj	kl	oct	passio mathei apostoli et euangelistae in persida
22 i:	x	kl	oct	passio maurici et VI DCLX *et sci emhrammis*
23 k:	viiij	kl	oct	ort et pr in nt sci sossi in niceno (=miceno?)
24 l:	viij	kl	oct	conceptio iohannis bb et est aequinoctium
25 m:	vij	kl	oct	
26 n:	vj	kl	oct	requieuit arca

27	o:	v	kl	oct	ort et pr in nt scorum cosme et damiani mar in uizan
28	p:	iiij	kl	oct	
29	q:	iij	kl	oct	ort et pr in honore archangeli michahelis
30	r:	ij	kl	oct	hieronimi praesb et depos honori episc et confes

(Oktober)

(dies xxxi		lunae xxviiij)			
1	s:		kl	octemb	sci remedii et sci germani
2	t:	vj	non		
3	u:	v	non		
4	:a	iiij	non		
5	:b	iij	non		
6	:c	ij	non		capua siue prid in ieiunio eorum
7	:d	nonas			ort et pr in nt scorum marcelli et apulei in campania
8	:e	viij	idus	oct	*nt theotoni filio tassiloni duce*
9	:f	vij	id	oct	
10	:g	vj	id	oct	
11	:h	v	id	oct	
12	:i	iiij	id	oct	
13	:k	iij	id	oct	
14	:l	ij	id	oct	paulini episcopi *theobaldi ducis*
15	:m	idus		oct	ort et pr in nt lupuli in capua
16	:n	xvij	kl	noemb	
17	:o	xvj	kl	noe	
18	:p	xv	kl	noe	in axiopoli luce euangelistae
19	:q	xiiij	kl	noe	
20	:r	xiij	kl	noe	
21	:s	xij	kl	noe	
22	:t	xj	kl	noe	
23	a	x	kl	noe	

58

24	b	viiij	kl	noe
25	c	viij	kl	noe
26	d	vij	kl	noe
27	e	vj	kl	noe	/////// et thattei in suanis ciu per-sarum
28	f	v	kl	noe	passio scorum apostolorum simonis cananaei
29	g	iiij	kl	noe
30	h	iij	kl	noe
31	i	ij	kl	noe	*sci quintini*

24 b viiij kl noe
25 c viij kl noe
26 d vij kl noe
27 e vj kl noe /////// et thattei in suanis ciu per-
sarum
28 f v kl noe passio scorum apostolorum
simonis cananaei
29 g iiij kl noe
30 h iij kl noe
31 i ij kl noe *sci quintini*

3.

Das Regensburger Fragment

Dieses neu aufgefundene Doppelblatt des Regensburger Boni-
fatiusmeßbuches enthält einen großen Teil des Canon missae. Der
Text beginnt mitten im »Communicantes« bei »petri pauli« und
schließt in den letzten Worten der Doxologie des »Libera« nach
dem Paternoster. Er gehört der vorgregorianischen Canon-Re-
daktion an, wie sie im Missale Francorum (=MFr), dem Stowe-
Missale (=Sto) und im Bobbio-Missale (=Bo),[32] alle etwa aus der
gleichen Zeit wie das Regensburger Sakramentar, überliefert ist.
Wir ergänzen den bei uns fehlenden Anfang nach diesen Handschriften.

Über den Canon-Text des Regensburger Fragments wurde
andernorts ausführlich gehandelt.[33] Hier genügt es auf die sonst
nicht bekannte Rubrik vor dem Paternoster hinzuweisen: »Et
sacerdos dicit. Sacramenta confracta dicit«. Das Gebet nach dem
ersten »dicit« fehlt in unserer Handschrift, es findet sich jedoch
noch (wenn auch ohne unsere vorausgehende Rubrik) im genannten Stowe-Missale. Wir bringen den Text des Gebets daher
in Klammern.

Der 2. Teil der Rubrik bezieht sich auf die zuvor erfolgte
Brechung der Hostie. Seit Papst Gregor († 604) geschieht das
nicht mehr, wie im Bonifatius-Sakramentar und im ambrosiani-

---

[32] Vgl. CLLA Nr. 410, Nr. 101, Nr. 220 (mit Angabe jeweils der Editionen und der Literatur).
[33] Vgl. K. Gamber, Das Regensburger Fragment eines Bonifatius-Sakramentars. Ein neuer Zeuge des vorgregorianischen Meßkanons, in: Rev.
bénéd. 85 (1975). Auffällig sind Beziehungen unseres Canon-Textes zu dem
im Prager Sakramentar, so daß man annehmen muß, daß dem Schreiber die
Canonfassung des Bonifatius-Meßbuches geläufig war. Näheres darüber in
der zitierten Arbeit.

schen Ritus, vor dem Paternoster, sondern erst danach. Im Stowe-Missale ist die Antiphon angegeben, die zur Brotbrechung gesungen wurde:»Cognouerunt dominum in fractione panis alleluia. Panis quem frangimus corpus est dni nostri ihu xpi. alleluia. Calix quem benedicimus sanguis est dni nostri ihu xpi. in remissionem peccatorum.« Erwähnenswert ist noch der Eintrag von mittelalterlicher Hand:»maister hans«, der auf der freien Zeile 21 der 1. Recto-Seite kopfstehend angebracht ist.

(INCIPIT CANON ACTIONIS)

(Sursum corda. *Respondetur*. Habemus ad dominum. Gratias agamus domino deo nostro. Dignum et iustum est.

1

Vere dignum et iustum est. aequum et salutare est. nos tibi semper et ubique gratias agere. domine sancte pater omnipotens aeterne deus. per xpm dominum nostrum. Per quem maiestatem tuam laudant angeli. adorant dominationes. tremunt potestates. Caeli caelorumque uirtutes ac beata serafin socia exultatione concelebrant. Cum quibus et nostras uoces uti admitti iubeas deprecamur. supplici confessione dicentes Sanctus sanctus sanctus dominus deus sabaoth.

2

Te igitur clementissime pater per ihm xpm filium tuum dominum nostrum supplices rogamus et petimus. uti accepta habeas et benedicas. Haec dona. haec munera. haec sancta sacrificia inlibata. In primis quae tibi offerimus pro tua sancta ecclesia catholica. quam pacificare. custodire. adunare et regere digneris toto orbe terrarum. una cum omnibus orthodoxis atque apostolicae fidei cultoribus.

3

Memento domine famulorum famularumque tuarum et omnium circum adstantium. quorum fides tibi cognita est et nota deuotio.

1-12: MFr 157-169 Sto 10-16 Bo 8-19

Qui tibi offerunt hoc sacrificium laudis. pro se suisque omnibus. pro redemptione animarum suarum. pro spe salutis et incolomitatis suae. tibi reddunt uota sua aeterno deo uiuo et uero.

4

Communicantes sed et memoriam uenerantes. in primis gloriosae semper uirginis mariae genetricis dei et domini nostri ihu xpi. sed et beatorum apostolorum ac martyrum tuorum) [1^r] petri. pauli. andreae. iacobi. philippi. bartholomei. mathei. simonis et tathei. lini. cleti. clementis. sixti. cornili. cipriani. laurenti. crisogoni. iohannis. et pauli. cosme. et damiani. Et omnium sanctorum tuorum. quorum meritis praecibusque concedas. ut in omnibus protectionis tuae muniamur auxilio. per xpm dnm nm.

5

Hanc igitur oblationem seruitutis nostrae sed et cunctae familiae tuae. quam tibi offerimus in honorem dni nostri ihu xpi. quaessumus dne // ut placatus suscipias.

6

Dies quoque nostros in tua pace disponas atque ab aeterna dampnatione nos eripias et in electorum tuorum iubeas grege numerari. per

7

Qua(m) oblatione(m) tu ds in omnibus quaessumus. benedicta(m) ascripta(m). ratam rationabilem acceptabilemque facere dignare. quae nobis corpus et sanguis fiat dilectissimi filii tui dni autem dei nostri ihu xpi. qui pridie quam pateretur.

8

Accipit panem in scas et uenerabiles manus suas. eleuatis oculis suis ad caelum ad te deum patrem suum omnipotentem. Tibi gratias egit benedixit fregit dedit discipulis suis dicens. Accipite et manducate ex hoc omnes. hoc est enim corpus meum. Simili modo posteaquam cenatum est. Accipit et hunc praeclarum calicem in sanctas et uenerabiles [1^v] manus suas. item tibi gratias agens benedixit dedit discipulis suis dicens. Accipite et bibite ex hoc omnes. hic est enim calix [sancti][34] sanguinis mei. noui et aeterni testamenti. misterium fidei. qui pro uobis // et pro multis effundetur in

---

[34] Die Hinzufügung »sci« fehlt in unserer Handschrift, sie findet sich jedoch im Stowe-Missale und im Bobbio-Missale; sie fehlt im Missale Francorum, das ebenfalls auf eine angelsächsische Vorlage zurückgehen dürfte.

remissionem peccatorum. haec quotienscumque feceritis in mei (me)moriam facietis.

9

Unde et (me)mores sumus domine nos tui serui sed et plebs tua sancta xpi filii tui domini nostri tam beatae passionis. nec non et ab inferis resurrectionis. sed et in caelos gloriosae as(c)ensionis. Offerimus praeclare maiestati tuae de tuis donis ac datis. hostiam puram hostiam sanctam hostiam inmaculatam. Panem sanctum uitae aeternae et calicem salutis perpetuae. Supra que propitio ac sereno uultu [2^r] aspicere dignare. et accepta habere sicuti accepta habere dignatus es munera pueri tui iusti abel et sacrificium patriarchae nostri abrahae et quod tibi obtulit summus sacerdos tuus melchisedech. sanctum sacrificium inmaculatam hostiam. Supplices te rogamus omnipotens deus iube perferri per manus sancti angeli tui in sublime altari tuo in conspectu diuinae maiestatis tuae ut quodquod ex hoc altare sanctificationis sacrosanctum filii tui corpus et sanguinem sumpserimus. omni benedictione caelesti et gratia // repleamur. per xpm

Si fuerint ut nomina defunctorum recitentur dicit sacerdos.

10

Memento etiam dne et eorum nomina qui nos praecesserunt cum signo fidei et dormiunt in somno pacis.

Postquam recitati fuerint dicit sacerdos.

11

Ipsis et omnibus dne in xpo quiescentibus locum refrigerii lucis et pacis ut indulgeas depraecamur. per xpm

12

Nobis quoque peccatoribus famulis tuis de multitudine miserationum tuarum sperantibus partem aliquam et societatem donare dignare cum tuis sanctis apostolis [2^v] et martyribus. Cum iohanne. stephano. matia. barnaba. ignatio. alexandro. marcellino. petro. perpetuae. agnae. caeciliae. (felicitate). anastasia. agathae. lucia. eugeniae. Et cum omnibus sanctis tuis intra quorum nos consortio. non aestimamur meritis. Sed ueniam quessumus largitur admitte. per xpm dnm nm.

13

Per quem haec omnia dne semper bona creas sanctificas uiuificas benedices et praestas nobis. per ipsum et cum ipso et in ipso est tibi deo patri omnipotenti in unitate spiritus sancti omnis honor et gloria. // per omnia saecula saeculorum.

Respondit populus Amen. Et sacerdos dicit.

14

[Credimus dne credimus in hac confractione corporis et effusione sanguinis nos esse redemptos. et confidimus sacramenti huius adsumptione munitos. ut quod spe interim hic tenemus. mansuri in caelestibus ueris fructibus perfruamur. per dnm.]

Sacramenta confracta dicit.

15

Diuino magisterio edocti et diuina institutione formati audemus dicere. Pater noster qui es in caelis.

16

Libera nos dne (quaesumus) ab omni malo praeterito praesenti et futuro et intercedente pro nobis beatis apostolis tuis petro et paulo. da propitius pacem tuam in diebus nostris. ut ope misericordiae tuae adiuti et a peccatis simus semper liberi et ab omni perturbatione securi. per dnm nm ihm xpm

[. . . . .]

13: Sto 17 Bo 20   14: Sto 18 Bo– Go 516
15: Sto 19 Bo 22 Go 517   16: Sto 20 Bo 23

Facsimile der erhaltenen Blätter
des Regensburger Bonifatius-Sakramentars

Blatt 1 r

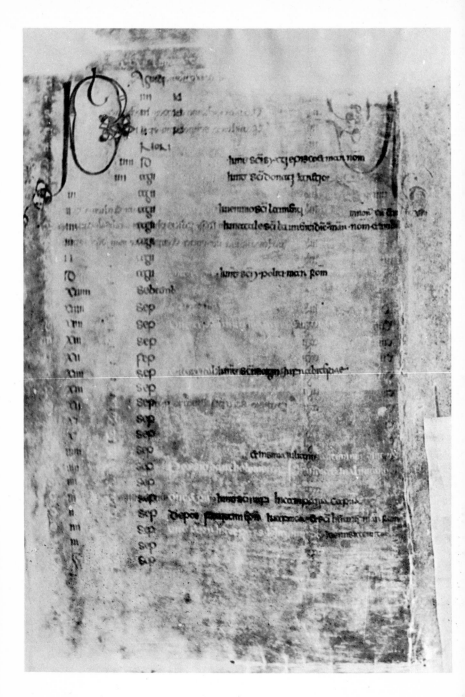

Blatt 1 v

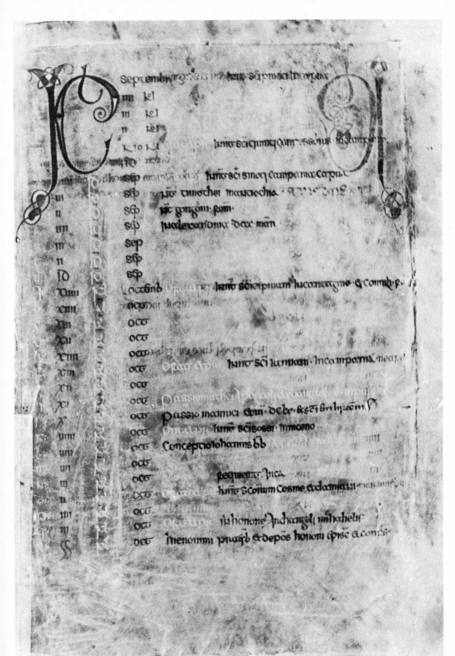

Blatt 2r

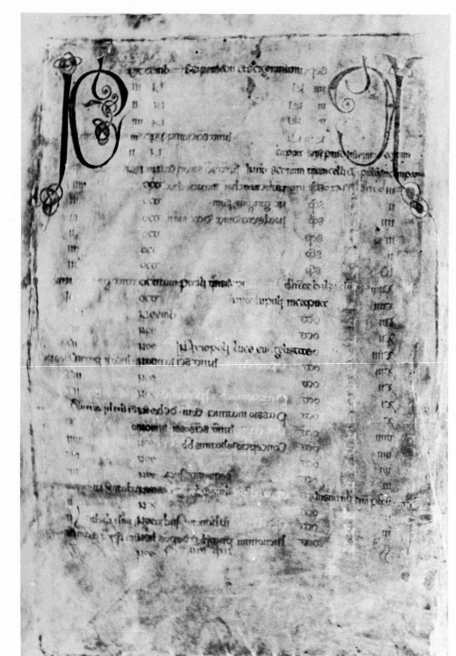

petri pauli andreae
iacobi iohannis thomae
iacobi philippi bartho-
lomei matthei simonis
et thaddei lini cleti clementis sixti cornili
crisogoni iohannis et
pauli cosme et damia-
ni et omnium sanctorum
tuorum quorum meritis
precibusque concedas
ut in omnibus protectio-
nis tue muniamur auxi-
lio per eundem christum dominum

Hanc igitur obla-
tionem servitutis
nostre sed et cunctae
familiae tue quam
tibi offerimus in hono-
rem christi iesu christi quaesumus domine

placatus suscipias
dies quoque nostra
in tua pace dis-
ponas atque ab
aeterna dampnatio
nos eripias et in electo
rum tuorum iubeas
grege numerari per

Quam oblationem
tu deus in omnibus
quaesumus be-
dictam ascriptam ratam
rationabilem accept
tabilemque facere dig-
neris quae nobis cor
pus et sanguis fiat di
lectissimi filii tui dni
domini nostri iesu christi qui
pridie quam patere

Accipite partem tuo
et venerabiles

Blatt 3 v

& martiribus · Cum io
hanne stephano · matth
barnaba · ignatio · &
lexandro · marcellino ·
petro · perpetua · felic
itate · Coeciliae · anas
tasia · agathae · lucia
eugenia · Et cumomnib;
scis tuis intra quonum
nos consortio · nonesti
matoru meritas · Sed
ueniae quaesumus lar
gitor admitte · perxpm
dnmnrm

Per quem haec omnia
dne semper bona
creas scificas uiuifi
cas benedicis & praestas
nobis per ipsum & cumipso
& inipso est tibido patri
omnipotente in unitate ·
spssci omnis honor &
gloria

(h)e nominar saecula sae
culorum

Diuino magisterio edoc
ti & diuina institu
tione formati audemus
dicere · Pater noster
qui es in caelis ...

Libera nos dne ab om
ni malo praeterita
praesentia & futura
& intercedentibus pro
nobis beatis apostolis
tuis petro & paulo da
propicius pacem in uitam
diebus nostris ut ope
misericordiae tuae ad
iuti & a peccato simus
semper liberi & ab omni
perturbatione securi
pendum unihumxpm

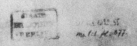

Blatt 5 r

sup̄plꝰ... humenam ineffa
pulso mensis peccati...

Pop̄ly... cuiusche quaces
sumur. Semper exsulteam̄
Redempconis suce prun
apcle munus intelleḡto
tot̄ deuotus mence con
uenienteni hoc appetat
ꝗ aui nenocren gꝭa.
Compñcehendeat ꝑenon̄...

Omnipotent sempi
ternne ds ꝗ
primit̄ces marti rũ tu
Sci leuita z ſcepherni san
guine dedicasti. Tribue
quecesumm ut pro nobis
inceꝛcessor existat
ꝗ pro nos ins̄ exam̄ pen.
se iconib; supplicauit
ꝑ xp̄m.
Sea et simul ribi dñe sacrificia

uel qū rebus communicantes ſcephane
cuicdone deſernni. et no
biſ tribuας promptoe
ut deuocion̄... Agmenani
U lo ꝗn nobis hanc sollemp
nитат́ expatat beatuſ
leuita ſcephanuſ sp̄uscō
repletuſ ius̄uis prim
сeps teſtificaciominum clo
ruae xpi primur imeaeon
confessionis ecenoꝛ.
mortis prueciose eiuſ
ꝑenpsам́им тusepтius
Sanguinʒ dedicacon iccте
omnes Coelorum negno
rum paciens· eiuſq; oin̄ſp
om̄ quisummae partae
тriumphum mortis tuo
conaтbauis pnacecaен is
immacue sp̄...
Pro sто nobis dñe quaces
summr· et sacrificia cae
leſcam... imp̄ssio.

Quibus ipsum venerabile
secundumque uentum modele
bniniur exondiam
Accepta tibisis dñe nos
deuotionis oblationa
crimium nostri uoreb
ncnce scripta indulgen
cium nobis uoce conseb
uomp obsou ardis
Uolhic quippe pescalau
nemccnecci ambui nosq
amortalicoi prouancoi
esto hmentcole coriringin
sui occcempossichurco
sub no gecum suscili
clepeccon poena pecaccor
monempooscan musque
sabususonpicram clepen
ducione saluacio uo sccra
conditomm humchore Qu
pennehcoctos Insolencoi
aubine pocussocican humiur
ci modescur ocoacteina

coroianescoco paganeno
emium eciumancebis
Uo quo compecenccs coco
sccubumcen nelegiosa
sinia nobis ussacioc lem
mor irconponeces locim
ceccas immodencccos
cohenceccimus hulcebm
ocemmence delcetocaomi
insolenoc uepinenccoc
eumon cicque ccenquillion
coopeccus cococcclesqia
concempl ondoc misccenia
fidelium neocloccum ommia
mum laudesquucs dine
fpiaencen hicenoces comm
gene uocibus cngelomm
quiglonicm tuoim conem
cme dicences
Sumpsimur dne sccnccmencoi
ccclesicc pnopcenecc de
pricccomm ucquomm
coninnoi pocccione

Blätter 1–2:
Doppelblatt im Besitz von Graf Walderdorff (auf Schloß Hauzen-
stein bei Regensburg), gefunden Ende des 19. Jh.
Inhalt: Teile des Kalendars (Juli bis Oktober)

Blätter 3–4:
Doppelblatt in der Bischöflichen Zentralbibliothek in Regensburg
(Cim 1), gefunden 1974 im Bischöfl. Zentralarchiv Regensburg
Inhalt: Canon Missae (vorgregorianische Redaktion)

Blätter 5–6:
Doppelblatt in der Deutschen Staatsbibliothek in Berlin (Ms Lat.
Fol. 877), kam 1920 nach Berlin.
Inhalt: Teile des Proprium de Tempore (Weihnachten, Fastenzeit)

Die im vorausgehenden Teil edierten, jedoch hier nicht als Facsimile
wiedergegebenen Blätter stammen aus anderen Exemplaren des Bonifatius-Sakramentars, von dem keine einzige Voll-Handschrift erhalten
geblieben ist.

4.

Das Berliner Fragment

Das 3. Doppelblatt des Regensburger Bonifatius-Meßbuches enthält Sakramentartexte und zwar aus dem Proprium de tempore.[35] Es beginnt mitten in der Präfation der Weihnachtsmesse (»in die«),[36] dem vermutlich 2. Formular des Meßbuches (vorausging allem Anschein nach ein Formular für die Mitternachtsmesse); danach das Stephanus-Formular, das in der Postcommunio defekt schließt.

Nach einer größeren Lücke von wahrscheinlich 3 Doppelblättern befinden wir uns bereits im 15. Formular. Dieses weist zwei »Super oblata«-Gebete und zwei Präfationen auf. Nach dieser steht eine Oration »Post communionem« und eine solche »Ad populum«. Da eine Überschrift fehlt, wissen wir nicht, für welchen Tag das Formular bestimmt war, vielleicht für den Sonntag Sexagesima, an dem damals mancherorts die Fastenzeit begonnen hat. Über das Sexagesima-Fasten hat P. Siffrin in der Erst-Edition der Berliner Blätter eingehend gehandelt.[37]

Im nächstfolgenden Formular, das die Ordnungsziffer XVI trägt, liegt ein solches für die Sonntage der »Sexagesima« vor. Wir finden hier drei einleitende Orationen und drei »Super oblata«-Gebete. In der Präfation schließt das Fragment defekt; damit sind auch die Reste des Regensburger Bonifatius-Sakramentars zu Ende. Was in unserer Edition noch folgt, sind Fragmente aus anderen ähnlichen Handschriften.

---

[35] Herausgegeben von P. Siffrin, Zwei Blätter eines Sakramentars in irischer Schrift des 8. Jh. aus Regensburg, in JLW 10 (1930) 1–39.

[36] Diese Präfation ist nur noch in einem beneventanischen Plenarmissale zu finden; vgl. K. Gamber, Das Basler Fragment. Eine weitere Studie zum altkampanischen Sakramentar und zu dessen Präfationen, in: Rev. bénéd. 81 (1971) 14–29, hier 27f.

[37] Siffrin, Zwei Blätter eines Sakramentars a.a.O. 19–29.

(ORATIONES ET PRAECES IN NATALE DNI)
[. . . . .]

17

(Uere dignum: usque eterne ds. Cuius diuinae natiuitatis potentiam ingenita uirtutis tuae genuit magnitudo. Quem semper
filium. et ante tempora aeterna generatum. quia tibi plenum atque
perfectum. aeterni patris nomen non defuit praedicamus. Qui
inuisibilis ex substantia tua. uisibilis per carnem apparuit in nostra.
Tecumque unus. non tempore genitus. non natura inferior. ad nos
uenit ex tempore natus. ihs xps dns nr. Et honore maiestatis. atque
uirtute. aequalem tibi cum sancto spiritu confitemur. Et in trino
uocabulo. unicam credimus maiestatem. Quia per incarnati uerbi
tui mysterium. noua mentis nostrae lux ocu)[1ʳ]lis tuae claritatis
infulsit. ut dum uisibiliter deum cognoscimus. per hunc (in)
inuisibilium amore rapiamur. et ideo cum angelis et archangelis.
cum thronis et dominationibus cumque omnes militiae caelestis
exercitus hymnum gloriae tuae sine fine dicentes.

18

Benev.
Sacr.
Erud.
21 (1972/3)
p·332

Basl 6
(Purr.)

Uere dignum: qui in principio erat aput te deum patrem uerbum.
per quem facta sunt omnia. qui coaeternus tibi et in tua atque ex
tua substantia manens homo factus est et coepit esse quod non
erat. et quod tecum erat esse non desinit in saecula et ante saecula
deus. in similitudinem passionum nostrarum secundum hominem
// nasceretur et peccati nescius habitum peccati carnis adsumeret.
in substantiam diuinitatis tuae naturam generis mortalis accipiens
ut quod nostrum est suscipiens commonicaret ille nobis quod
suum est. Quem laudant.

19

Communicantes et diem (et noctem) sacratissimam celebrantes in
quo incontaminata uirginitas huic mundo edidit saluatorem dnm
nostrum ihm xpm. Sed et memoriam

20

POST COMMUNIONEM. Da nobis quaessumus dne ipsius recensita
natiuitate uegetari. cuius caeleste mysterio pascimur et potamur.

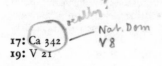

17: Ca 342 — really? Nat. Dom V 8   18: cf. B 4, F 197
19: V 21   20: L 1267, V 22

Huius nos dne sacramenti semper natiuitas instauret. cuius
nobilitas [1ᵛ] singularis humanam reppulit uetustatem. per

AD POPULUM. Populus tuus dne quaessumus semper exultans
redemptionis suae principale munus intellegat. ut et deuotus
mente conuenienter hoc appetat et tua ueraciter gratia conprehen-
dat. per dnm   *cy Ben. 1857*

VII KALENDAS IANUARIS
ORATIONES ET PRAECES IN NATALE SANCTI
STEPHANI

Omnipotens sempiterne deus. qui primitias martyrum in sancti
leuitae stephani sanguine dedicasti. tribue quaessumus ut pro
nobis intercessor existat qui pro suis etiam persecutoribus supplicauit. per dnm

SUPER OBLATA. Grata sint tibi dne sacrificia // quae in sancto *No other*
martyre stephano tua dona testantur et nobis tribuunt promptae
deuotionis agmentum. per

Uere dignum: quoniam nobis huius sollempnitatis exordia beatus *No other*
leuita stephanus spiritu sancto repletus instituit. princeps testi-
ficationum gloriae xpi. primus initiator confessionis aeternae
mortis praetiosae et uitam perpetuam recepturus sanguinis dedi-
cator ante omnes caelorum regno uim faciens eiusque direptor.
qui summae patriae triumphum martyrio coronatus prae ceteris
incoauit. per

POST COMMONIONEM. Prosit nobis dne quaessumus et sacrificii
caelestis infussio (. . .)
[. . . . .]   *Medinaceli 52 = archivo Ducal,
s. X/XI   ed. P. Ostos Salcedo, M. Ramos
Publ. of Univ of
Seville, 1983
(Documentos 10)*

21: V 4   22: A 1805 ?
23: L 671 V 30   24–26: ?

(XV. IN CAPUT SEXAGISIMAE)

[. . . . .]

SUPER OBLATA. (Fac nos quaessumus dne his muneribus offerendis conuenienter aptari) [2ʳ] quibus ipsius uenerabilis sacramenti uenturum celebremus exordium.

28

Accepta tibi sit dne nostrae deuotionis oblatio. quae et ieiunium nostrum te operante sanctificet et indulgentiam nobis tuae consolationis obteneat.

29

Uere dignum: illa quippe festa iam remaneant. quibus nostrae mortalitati procuratum est inmortale commercium. ac temporali uitae subrogatur aeternitas. de pecati poena peccata mundantur. mirisque modis conficitur de perditione saluatio. ut status conditionis humanae. qui per felicitatis insolentiam uenit ad tristitiam. humilis et modestus ad aeterna // gaudia redeat per merorem. Unde cum angelis

30

Uere dignum: quia conpetenter atque salubriter religiosa sunt nobis instituta ieiunia. ut corporeae iocunditatis immoderatas coherceamus inlecebras. et terrenae delectationis insolentia refrenata purior atque tranquillior adpetitus. ad caelestia contemplanda mysteria fidelium reddatur animarum. Laudesque tuas dne fidenter intendas coniungere uocibus angelorum. qui gloriam tuam concin(unt sine) fine dicentes.

31

POST COMMONIONEM. Sumpsimus dne sacramenta caelestia. propterea deprecamur. ut quorum continua perceptione [2ᵛ] reficimur. salutari traditione laetimur.

32

AD POPULUM. De multitudine misericordiae tuae dne populum tibi protege confitentem. et corporaliter gubernatum pie mentis affectu tuis muneribus adsequendis effice promptiorem. per dnm

27: V 91
29: S 898
31: AmB 284

28: V III
30: AmB 303 S 300
32: V 88

XVI. ORATIONES ET PRAECES
INTER IEIUNIA SEXAGISSIMAE DIEBUS DOMINICIS

[handwritten: Other books for weekdays.]

[handwritten: Dom. II in Quadr. Aug. 365, Gv 163, Prague 53.1]

33

Praesta nobis omnipotens deus. ut quia uitiis subiacet nostra
mortalitas. tua nos et medicina purificet et potentia tueatur. per

[handwritten: Others: Dom. I post Theoph. (or alia Gr 979)]

34

Fac nos dne quaessumus tuis oboedire mandatis. quia tunc nobis
prospera cuncta prouenient. si te totius uitae sequamur auctorem.

[handwritten: Others: For Dom. II in Quadr, 15 Pent]

35

Praesta nobis misericors deus. // ut placationem tuam totis
mentibus exoremus et peccatorum ueniam consequentes a noxiis
liberemur incursibus.

36

SUPER OBLATA. Suscipe dne quaessumus deuotorum munera famulorum. et tuis diuinis purifica seruientes pietate mysteriis. quibus
etiam iustificas ignorantes.

[handwritten: Dom. II in Quadr.]

37

Aecclesiae tuae dne munera placatus adsume. quae et misericors
offerenda tribuisti. et in nostrae salutis potenter efficis transire
mysterium.

[handwritten: Fer. II, heb. II Quadr. Eng 374, V170, Prag 54.2]

38

[handwritten: or V 1196 Canon cot. die]

Concede nobis (haec) quaessumus dne frequentare mysteria. quia
quotiens huius hostiae commemoratio celebratur. opus nostrae
redemptionis exseritur. *[handwritten: Others Dom. IV p. Oct. Pasch. and Pentecost Sunds.]*

39

Uere dignum: qui curam nostri ea ratione moderaris (ut prouentus
exterior de internorum qualitate procedat. Nullis quippe forin-
secus miseriis adfligemur. si uitia frenemus animorum. nec uisibili
dedecori subiaceuit. qui foedis cupiditatibus obuiarit. nulla inquie-
tudo praeualeuit extrinsecus. si agamus corde sincero. nullis
subdemur hostibus. si pacem teneamus internam. Ita sicut a
nemine magis quam a nobis laedimur. sic noxia cuncta succumbent
si nosmet ipsos ante uincamus. per)

[handwritten: Only. Leonine]

[. . . . .]

33: V 163 ✓   34: V 1223 ✓   *[handwritten: see Pascha IV]*
35: MFr 133 and V 1214   36: MFr 134 L 1285 AmB 327
37: L 1296 V 165 ✓   38: L 93 AmB 667
39: L 501 ✓

[handwritten: daily w. canon.]   *[handwritten: daily w. canon]*

5.

Das Basler Fragment

Von den beiden Fragmentblättern eines angelsächsischen Sakramentars in Basel (Universitätsbibliothek N I1, Nr. 3 a, 3 b), in wenig kultivierter Schrift um 800 geschrieben, beinhaltet nur Blatt 2 für die kampanisch-angelsächsische Liturgie typische Formulare. Blatt 1 enthält den 2. Teil des Festes der Beschneidung des Herrn und das fast ganz gregorianische Formular für den 2. Februar.[38] Bei unserm Blatt 2 handelt es sich um Teile zweier Formulare für die Fastenzeit. Diese Bestimmung ergibt sich, da keine Überschriften mehr zu lesen sind, aus dem Inhalt der Gebete.

Die Präfation zu Beginn ist uns bereits oben in den Berliner Blättern begegnet. Dort steht sie jedoch neben einer anderen Präfation (als »Alia«) an zweiter Stelle. Die übrigen Gebete finden sich, wie im Regensburger Bonifatius-Sakramentar, in dieser Reihenfolge in keinem anderen alten Meßbuch. Sie kommen an verschiedenen Stellen im Leonianum (= L), dem Gelasianum (= V) und im ambrosianischen Sakramentar (=AmB) vor.[39]

(IN IEIUNIO)
[. . . . .]

40

(Uere dignum: Quia conpetenter atque salubriter religiosa sunt nobis instituta ieiunii. ut corporeae iocunditatis immoderatas

40: AmB 303

[38] Edition von K. Gamber siehe oben Fußnote 36. Erstedition von A. Dold, Ein kostbares Sakramentarfragment der Basler Universitätsbibliothek, in: Scriptorium 6 (1952) 260–273 (vollständiges Facsimile); vgl. auch CLLA Nr. 417 (mit weiterer Literatur).

[39] Hinsichtlich dieser Handschriften vgl. oben Fußnoten 16–18; vgl. auch die Konkordanztabelle in: Mohlberg, Missale Francorum 79.

coherceamus inlecebras. et terrenae delectationis insolentia refrenata purior atque tranquillior adpetitus. ad caelestia contemplanda mysteria fidelium redda-) [2ʳ] tur animarum. Laudesque
tuas dne fidenter intendas coniungere uocibus angelorum. qui
gloriam tuam concinunt sine fine dicentes.

41
(POST COMMUNIONEM.) Caelestis uitae munere uegitati quessimus
dne. ut quod est nobis in presenti uita misterium. fiat aeternitatis
ausilium. per

42
(AD POPULUM.) Praesta famulis tuis dne habundantiam protectionis
et gratiae. da salutem mentis et corporis. da continuae prosperi-
tatis augmenta. et // tibi semper fac esse deuotos. per

(IN IEIUNIO)

43
Concede nobis omnipotens ds. ut [2ᵛ] (per annua quadragesimalis
exercitia sacramenti. et ad intellegend)um xp(i proficiamus arcan)
um. et effectus eius digna conuersatione sectemur. per dnm

44
Familiae tuae quaesumus absolue peccata. mentesque purifica. ut
uenerabiles ieiuni(i) dies. congrua deuotione repetentes. que
fidenter poscimus inpetrare meriamur. per

45
(SUPER OBLATA.) Adiuua nos ds salutaris noster. et in sacrificio
ieiuniorum nostras mentes purifica. ut ad beneficia recolenda.
quibus nos instaurare dignatus es. tribuas uenire gaudentes. per

46
Ut acepta sint tibi dne nostra ieiunia. praesta nos quaesumus
munere sacramenti (purificatum tibi pectus offerre. per)
[. . . . .]

41: L 658   V 102   42: L 659 V 98 AmB 280
43: V 104   44: AmB 281
45: V 259   46: V 207

6.

Das Pariser Fragment

Das im 8. Jh. in irischer Schrift geschriebene stark beschädigte Einzelblatt in Paris (B.N., ms. lat. 9488, fol. 5)[40] stammt, wie die eben edierten, aus der kampanisch-angelsächsischen Liturgie. Es weist, ähnlich wie diese, zwei Orationen zu Beginn, zwei »Super oblata«-Gebete, eine Präfation, sowie je eine Formel »post communionem« und »ad populum« auf. Auch hier ist wieder keine Parallele zu einem andern bekannten Meßbuch zu finden. Die Gebete kommen in V und AmB vor, die Präfation ist sonst nicht bezeugt.[41] Da der Text sehr fragmentarisch erhalten ist, mußten zahlreiche Ergänzungen angebracht werden, die jedoch nur den Wert einer Rekonstruktion haben.

Es ist anzunehmen, daß das Regensburger Bonifatius-Sakramentar dieses Formular und die beiden vorausgehenden des Basler Fragments für die Fastenzeit ebenfalls aufgewiesen hat. Jedenfalls gehören sie, wie bereits der erste Herausgeber H.M. Bannister erkannt hat, trotz der irischen Schrift des Pariser Fragments, ohne Zweifel nicht zur irischen, sondern zur kampanisch-angelsächsischen Liturgie.

---

[40] Herausgegeben von H.M. Bannister, Liturgical Fragments, in: The Journal of Theol. Studies 9 (1908) 400–401, 405–406; Neuedition von K. Gamber, in: Rev. bénéd. 81 (1971) 17–19; vgl. auch CLLA Nr. 416 (mit weiterer Literatur).

[41] Wie von mir in: Sacris erudiri XII (1961) 79 gezeigt, bestehen Beziehungen zwischen dem sonst nicht mehr vorkommenden Präfationstext und der in der kampanischen Epistelliste für »In Quadragesima ieiunio III« (= Mittwoch nach dem 2. Fastensonntag) angegebenen Epistel Gal 5,19–21, so daß das Formular durchaus für diesen Ferialtag bestimmt gewesen sein kann. Die Beziehungen zur Epistel haben eine Rekonstruktion des bruchstückweise überlieferten Textes der Präfation ermöglicht.

(IN IEIUNIO)

47

(Omnipotens sempiterne ds misericordiam tuam ostende) [5ʳ] supplicibus tuis. ut ubi de meri(torum qua)litate diffiditur. non iudicium tuum sed indulgen(tiam consequi mereamur. per)

48

Concede nobis omnipotens et misericors ds. ut magnae festiuitatis (uentura) sollemnia prospero celebramus afectu. (pariter) que reddamus. et intenti caelestibus discipli(nis et) de nostris temporibus letiores. per dnm nrm

49

(SUPER OBLATA.) Ieiunia quessumus dne que sacris (exequi)mur institutis. et nos a reatibus nostr(is semper expe)diant et (tuam nobis) iustitiam faciant (esse placatam. per)

50

Da quessumus dne fidelibus tuis ieiuniis pascalibus conuen(ienter) aptari. ut suscepta sollemniter cast(igatio) corporalis. cunctis ad fructum pro(ficiat animarum. per)

51

Uere dignum et iustum est: omnipotens sempiterne ds. Qui no(s in om)nibus informasti per ihm xpm f(ilium tuum. et nos) a malis omnibus liberas(ti.) Per q(uem exerc)ere fecisti quadrag(esimale) ieiu(nium. et illud . . .) me diebus inpleri (uoluisti . . . *es fehlen einige Zeilen*) [5ᵛ] (. . .) ur et sumitur subreatus. luxoria abi(citur. aua)ritia exclauditur et misericordia pro(pagatur.) exclauditur iniustitia et equitas sum(itur. euitatur) fornicatio et continentia suscit(atur. miti)gantur discordes. socientur disiuncti. (cessa)nt lites. iniuriae dormiunt. plagae (eu)itantur. uincti soluuntur. claustra pa(te)nt. et pax per omne seculum curren(s demo)nstratur. traditur cunctis credentibus (disci)plina. ut sanctificatos nos possit (dies san)ctus uenturus excipere. et preces nras (. . .) suis insinuare. per xpm dnm nrm. (per qu)em maiestatem tuam

52

(POST COMMUNIONEM.) Omnipotens sempiterne ds (qui) nobis (in

47: cf. H 167,1   48: AmB 101
49: V 268   50: V 94
51: ?   52: V 109

o)bseruatione ieiunii et elemos(inarum sem)ine posuisti nostrorum (remedia p)eccatorum. concede nos opere (mentis et co)rpo(ris) semper tibi esse deuot(os. per)

53

(AD POPULUM. Propiti)are dne supplicium (. . .) pop(uli) oblationibus (. . .)

[. . . . .]

7

Formular für Christi Himmelfahrt
im Martyrologium von Echternach

Auf einer ehedem freien Seite am Schluß des Martyrologiums von Echternach (Paris, B. N., ms. lat. 10837), wurde etwa in der 2. Hälfte des 8. Jh. in angelsächsischer Schrift ein Meßformular nachgetragen, das nach der Überschrift für (die Vigil von) Christi Himmelfahrt bestimmt war.[42] Es dürfte, wie bereits L. Eizenhöfer vermutet hat, aus einem Sakramentar im Typus des Bonifatius-Meßbuches entnommen sein.[43]

Dies lassen außer der angelsächsischen Schrift eine Reihe von Beobachtungen vermuten. So scheint vor allem, wie wir bei den vorausgegangenen Fragmenten sahen, die doppelte Oration »Super oblata« typisch für den kampanisch-angelsächsischen Sakramentar-Typus zu sein, wenn auch nicht mehr alle erhaltenen Formulare diese Eigenart aufweisen. Über den Grund, warum zwei derartige Orationen angegeben sind, wurde noch nicht nachgedacht. Vielleicht war die zweite ursprünglich als Gebet »ad pacem« bestimmt.

Die Formeln stimmen zum Teil mit denen im Gelasianum (=V) für den Festtag angegebenen überein. Die erste ist in dieser Fassung sonst nicht nachweisbar, zwei weitere Orationen finden sich im Leonianum (=L), eine davon auch im ambrosianischen Meßbuch (=AmB). Es erscheinen also auch hier wieder die gleichen Sakramentare wie bei den vorausgehenden Stücken. Die zwei Gebete am Schluß, mit der Bestimmung »ad uesperos« sind vermutlich an dieser Stelle sekundär. Es handelt sich um Sonntagsorationen.

[42] Vgl. H. Bannister, Liturgical Fragments a. a. O. 406–411; CLLA Nr. 414 (mit weiterer Literatur).

[43] L. Eizenhöfer, Zu Bannisters Echternacher Meßformular für die Vigil von Christi Himmelfahrt, in: Colligere Fragmenta (=Texte und Arbeiten, 2. Beiheft, Beuron 1952) 166–172. Über das Verhältnis des Kalendars von Echternach zum Walderdorffer Fragment hat P. Siffrin, in: Ephem. lit. 47 (1933) 201–224 gehandelt.

54

Ds qui per unigenitum tuum aeternitatis nobis aditum deuicta morte reserasti. Erige nos ad consedentem dexteram tuam nostrae salutis auctorem. ut qui iudicandus aduenit. pro nobis iudicaturus adueniat. qui tecum

55

SUPER OBLATA. Sacrificium dne pro filii tui supplices uenerabili nunc ascensione deferimus. Praesta quaesumus ut et nos per ipsum his commerciis sacrosanctis ad caelestia consurgamur. qui tecum

56

ALIA. Exaudi nos dne salutaris noster. ut per haec sacrosancta commercia in totius ecclesiae confidamus corpore faciendum. quod eius praecessit in capite. per eundem

57

PRAEFACIO. Uere dignum: per xpm dnm nostrum. qui saluti humanae subuenire dignatus est. nascendo et nobis donauit gloriam. patiendo diabolum uicit. resurgendo a mortuis uitae aeternae aditum praestitit. ascendendo ad patrem ianuas reserauit. quem

58

AD COMPL. Exultationem condicionis humanae substantiae respice ds. ut tua dignatione mundati sacramentis magnae pietatis aptemur. per dnm nm.

59

ALIA (=AD POPULUM). Erectis sensibus et oculis cordis ad sublimia eleuantes quaesumus. ut quae in precum uota detulimus. ad impetrandi fiduciam referamus. per dnm nm.

60

AD UESPEROS. Sancti nominis tui dne timorem pariter et amorem fac nos habere perpetuum. quia numquam tua gubernatione destitues. quos in soliditate dilectionis institues. per dnm

61

ALIA. Ds qui te rectis ac sinceris manere pectoribus adseris. da nobis tua gratia tales existere, in quos habitare digneris. per

54: cf. V 463 + H 96,4   55: V 574
56: L 174   57: V 575
58: L 181 AmB 681   59: V 579
60: V 586   61: V587

surely then mostly Old Gelasian

8.

Das Fragmentblatt von St. Paul

Das etwas beschnittene Einzelblatt, geschrieben in angelsächsischer Majuskel, befindet sich im Cod. 979 (fol. 4) der Stiftsbibliothek von St. Paul in Kärnten.[44] Die Schrift gehört der Zeit
um 800 an. Von den ursprünglich 25 Langzeilen sind 21 erhalten.
Als mutmaßliche Heimat der ehemaligen Handschrift nennt
E. A. Lowe England.[45] Auf welchem Weg das Fragment dieses
relativ späten angelsächsischen Sakramentars in die Bibliothek
von St. Paul gekommen ist, wissen wir nicht.

Zu Beginn der Recto-Seite des Fragmentblatts endet eine (wie
anzunehmen ist) »missa cottidiana«, von der freilich nur mehr die
2. Hälfte der »Ad populum«-Formel erhalten blieb. Danach steht
eine eigenartige Rubrik, in der es heißt, daß der Schreiber bzw.,
was wahrscheinlicher ist, ein früherer Redaktor des Meßbuches
den an dieser Stelle ehedem vorhandenen Canon ausgelassen hat,
weil dieser nicht der in der römischen Kirche gebräuchliche war.
Er hat jedoch wenigstens den Schluß dieses nicht-römischen
Canon-Textes (mit der »Benedictio uuae« und einem sonst nicht
bekannten »Libera«-Gebet) abgeschrieben.

Danach folgt ein Meßformular, das weitgehend der 2. »missa
cottidiana« im Missale Francorum (=MFr)[46] entspricht, nur daß
dort mehr Formeln als hier vorhanden sind. Durch diese Tatsache
bekommt die Vermutung von P. Siffrin, daß in den »Orationes et
preces communes cottidianae cum canone« in MFr Teile des

---

[44] Herausgegeben von K. Gamber, Das altkampanische Sakramentar, in:
Rev. bénéd. 79 (1969) 332–339.
[45] E. A. Lowe, Codices X Nr. 1459.
[46] Herausgegeben von L. C. Mohlberg – L. Eizenhöfer – P. Siffrin, Missale
Francorum (=RED Series maior, Fontes II, Roma 1957).

angelsächsischen Sakramentars vorliegen,[47] eine handschriftliche Bestätigung. Den Schluß des Fragments bildet eine Votivmesse für Reisende, die in der »Super oblata«-Formel defekt endet.

(ORATIONES ET PRAECES COMMUNES)

[. . . . .]

62

(AD POPULUM. Famulos et famulas tuas dne caelesti uisitatione circumda. mentibus eorum atque corporibus ros tuae benedictionis infunde.) *[recto]* ut qui auxilium tuae miserationis implorant. tuae sanctificationis gratiam referant. et quae pie praecantur optineant. per

(In) hoc loco canon sequitur quam ideo contempsi scribere. quia tam (est?) longus. sicut in romana eclesia (utitur?) scripsi.

63

BENEDICTIO CREATURAE UVAE. Benedic dne hos fructus nouos uuae siue fabae. quos tu dne per rorem caeli et inundantiam pluuiarum et tempora serena atque tranquilla ad maturitatem perducere dignatus es ad percipiendum nobis cum gratiarum actione. In nomine dni nostri ihu xpi. Per quem haec omnia dne semper bona creas. per

64

POST ORATIONEM. Libera nos dne quaesumus ab omni malo praeterito praesenti et futuro. et direge omne bonum ad societatem caelestium gaudeorum. per

62: L 642   63: V 1603
64: cf. Go 529

[47] P. Siffrin, in: Ephem. lit. 47 (1933) 222 ff. Da das Missale Francorum in einer sehr guten Edition vorliegt, brauchen wir hier den umfangreichen Text nicht nachzudrucken. Zudem scheinen die Formulare in MFr eine Überarbeitung erhalten zu haben. Wichtig dürfte jedoch sein, daß die Orationen zur Opferung die gleiche Bezeichnung »Super oblata« tragen wie in den angelsächsischen Liturgiebüchern und nicht »Secreta« wie sonst in gallischen Sakramentaren.

65

Perpetua quaesumus dne pace custodi. quos (in te sperare donasti. et tuae pietatis in nobis propitius dona concede. per) [*verso*]

66

(SUPER OBL. Munera dne tibi dicata quaesumus sanctifica. et per eadem) nos placatus intende. per

67

(Vere dignum:) Ut non in nobis nostra malitia. sed indulgentiae tuae peruincat semper effectus. qui nos a noxiis uoluntatibus indesinenter expediat et a mundanis cladibus dignanter eripiat. per

68

(POST COMMUNIONEM.) Benedictionem tuam dne populo suppliciter inploranti medicinam tribue mentis et corporis. ut incessabiliter deuotis semper tua beneficia largiaris. per

69

(AD POPULUM.) Familiae tuae dne quaesumus esto protector et misericordiam tuam concede poscenti. quae tibi fiat semper oboediens et tua dona percipiat. per

ORATIONES ET PRAECES PRO PROFICIENTIBUS IN ITINERE SIUE REDEUNTIBUS

70

Exaudi nos dne sancte pater omnipotens aeterne ds. ut uiam famuli tui illius in salutis tuae prosperitate dispone. ut inter omnes uiae huius uarietates (gradientes). tuo semper protegatur auxilio. per

71

SUPER OBL. Sacrificiis dne placatus oblatis opem tuum famulo tuo illi (. . .)
[. . . . .]

65: MFr 130   66: MFr 135 V 1290
67: MFr 136   68: cf. V 1396
69: H 202,17   70: cf. V 1313
71: ?

9.

Das Londoner Fragment

Das Fragment in insularer Unziale des 8. Jh., seit 1907 im Besitz des British Museum in London, ist einem Lexicon Tironianum aus dem Anfang des 10. Jh. (MS Add. 37.518) beigebunden.[48] Die Handschrift befand sich im 12. Jh. im Kloster Furnes bei Ypern. Ob jedoch damals bereits unser Doppelblatt dem Codex beigefügt war, wissen wir nicht. Unser Fragment bildete, wie die Lageziffer »q XII« beweist, das äußere Doppelblatt der Lage XII. Das 1. Blatt beinhaltet Sakramentartexte und zwar Gebete für den Morgen- und Abendgottesdienst, das 2. Blatt des Doppelblatts, in anderer Schrift geschrieben. zeigt als Nachträge von späterer Hand drei Perikopen: Joh 14, 7–14; Luc 24, 49–59 und (auf der Verso-Seite) Marc 16, 14–20. Die Formeln von Fol. 1 stimmen mit zwei Ausnahmen mit den entsprechenden Gebeten im Gelasianum (=V) und im Bobbio-Missale (=Bo)[49] überein. Das eine dieser »unregelmäßigen« Orationen ist u. a. im Sakramentar von Angoulême (=A)[50] und im fränkischen Anhang zum Gregorianum (=GrA)[51] zu finden, das andere kommt nur bei uns vor. Es dürfte demnach hier eine eigene Überlieferung dieser Gebete für das Chorgebet gegeben sein. Wie bereits H. Frank nahegelegt hat,[52] handelt es sich dabei um die angelsächsische Redaktion, wie sie auch im Bonifatius-Sakramentar vorauszusetzen ist.

[48] Herausgegeben von A. Baumstark, Ein altgelasianisches Sakramentarbruchstück insularer Herkunft, in: JLW 7 (1927) 130–136; vgl. CLLA Nr. 411 (mit weiteren Angaben).
[49] Zum Bobbio-Missale vgl. CLLA Nr. 220.
[50] Das Sakramentar gehört der fränkischen Familie der Gelasiana mixta an; vgl. CLLA Nr. 860.
[51] Neueste Ausgabe von J. Deshusses, Le sacramentaire grégorien (=Spicilegium Friburgense 16, Fribourg 1971) 351 ff.
[52] H. Frank, Die Briefe des hl. Bonifatius und das von ihm benutzte Sakramentar, in: St. Bonifatius (Fulda 1954) 75.

72

Omnipotens sempiterne ds apud quem nihil tenebrosum nihilque obscurum est. emitte lucem tuam in cordibus nostris. ut mandatorum tuorum lege percepta. in uia tua ambulantes nihil patiamur erroris. per dnm nm

73

Gratias tibi agimus dne sce pater omnipotens aeterne ds. qui nos de transacto noctis spatio ad matutinas horas perducere dignatus es. quaesumus dne ut dones nobis diem hunc sine peccato transire. quatenus ad uesperum tibi gratias referamus. per dnm nm

74

Exurgentes de cubilibus nostris auxilium gratiae tuae matutinis dne precibus imploramus. ut discussis tenebris uitiorum ambulare mereamur in luce uirtutum. per dnm nm

75

Matutina supplicum uota dne propitius intuere. et occulta cordis nostri remedio tue clarifica pietatis. *[verso]* ut desideria tenebrosa non teneant quos lux caelestis gratiae reparauit. per

76

Te lucem ueram et lucis auctorem dne deprecamur. ut digneris nobis tenebras depellere uitiorum. et clarificare nos luce uirtutum. per dnm nm

77

Ds qui diei noctisque cursu iteratione discernis. ut tempora temporibus cedant. uisita nos hac nocte presenti. ut deluculo surgentes gratias tibi agere mereamur. per

78

Omnipotens sempiterne ds uespere mane meridie. maiestatem tuam suppliciter deprecamur. ut expulsis de cordibus nostris

72: A 1876 GrA 1489   73: V 1576 Bo 569
74: V 1577 Bo 571   75: V 1578 Bo 572
76: V 1579 Bo 573   77: ?
78: V 1587 Bo 563

peccatorum tenebris. ad ueram lucem quae xps est. nos facias
peruenire. per

79
Ds qui inluminas noctem et lumen post tenebras facis. concede
nobis ut hanc noctem sine impedimento satane transeamus. adque
matutinis horis ad altare tuum decurrentes. tibi gratias referamus.
per
[. . . . .]

79: V 1588 Bo 564

10

Irisches Fragment von Regensburg

Obwohl die Schrift, wie die des Pariser Blatts, irische Züge trägt, handelt es sich doch vielleicht um ein Dokument der angelsächsischen Liturgie. Das aus einer ehemaligen St. Emmeramer Handschrift (Clm 14747) losgelöste Blatt beinhaltet Teile des Beerdigungsritus (jetzt Clm 29163a).[53] Die kleinformatige Handschrift war mit 16 Langzeilen beschrieben, von denen 12 noch vorhanden sind. Leider bestehen keine direkten Vergleichsmöglichkeiten zu einem der bekannten Sakramentar-Typen. Die irischen Liturgiebücher weisen, soweit sie erhalten sind, keinen Beerdigungsritus auf und die angelsächsischen sind bekanntlich noch fragmentarischer auf uns gekommen als die irischen.

Eine liturgische Verwendung der ehemaligen Handschrift in Regensburg ist wahrscheinlich, da sie offenbar in St. Emmeram aufbewahrt worden war, bevor man sie zu Buchbindezwecken verwendet hat. Leider ist davon nur mehr dieses eine und dazu noch arg beschnittene Blatt auf uns gekommen.

Für die Verwendung der ehemaligen Handschrift in Regensburg spricht aber noch etwas anderes, nämlich die auffällige Folge der Orationen, die von der im Gelasianum (=V) und in anderen bekannten Liturgiebüchern abweicht. Gebet 80 und 81 stehen nur noch im Regensburger Baturich-Pontifikale (=PoB),[54] von dem oben in der Einführung die Rede war, Gebet 81 und 82 nur mehr

---

[53] Herausgegeben von K. Gamber, Das altkampanische Sakramentar, in: Rev. bénéd. 79 (1969) 339–341. – Hinsichtlich der Schrift meint B. Bischoff in einem Brief vom 12. 2. 68: »Vielleicht ist der paläographische Charakter des ›irischen‹ Officium defunctorum doch problematischer als es zuerst schien.«

[54] Vgl. CLLA Nr. 1550 (mit weiteren Angaben).

im ebenfalls besprochenen Prager Sakramentar (=Pr) in der gleichen Folge unmittelbar hintereinander. Es wird dadurch doch wahrscheinlich, daß der irisch-angelsächsische Beerdigungsritus der ehemaligen St. Emmeramer Handschrift in den genannten späteren Regensburger Liturgiebüchern wenigstens teilweise weiterlebt. Offen bleibt nur noch die Frage, ob es sich bei dieser Handschrift um ein Voll-Sakramentar gehandelt hat oder, was schon aufgrund des kleinen Formats wahrscheinlicher ist, um eine Art Sakramentar-Rituale, in dem neben einigen Meßformularen die für die Spendung der Sakramente und Sakramentalien notwendigen Gebete niedergeschrieben waren.[55]

(ORATIONES SUPER DEFUNCTUM)

[. . . . .]

80

(Deus qui uniuersorum creator et conditor es. qui cum sis tuorum beatitudo sanctorum. presta nobis petentibus. ut animam fratris nostri N. corporibus nexibus absolutam in) prima resurrectione facias praesentari. per dnm nm ihm xpm.

In exitu israhel de aegypto. In memoria aeterna.

81

Te dne sce pater omnipotens aeternae ds supplices depraecamur pro spiritu famuli tui N. illius quem ab originibus huius saeculi ad te arcessire praecipisti. ut digneris dne. dare ei locum lucidum locum reffregerii et quietis. liceat ei transire portas infernorum et uias tenebrarum. (maneatque in mansionibus scorum et in luce

80: V 1619 PoB 368   81: V 1617 PoB 369 Pr 289,1

[55] Für einen irischen Ursprung wiederum scheint außer der Schrift und dem Format die Tatsache zu sprechen, daß die irischen Meß-Libelli wie das Stowe-Missale (CLLA Nr. 101) außer einer »Missa Romensis« in der Hauptsache Rituale-Texte enthalten; in den erhaltenen Zeugen findet sich jedoch (wohl nur zufällig) kein Beerdigungsritus. Zu späteren Sakramentar-Ritualien vgl. CLLA Nr. 1580ff.

sca. quam olim abrahae promisisti et semini eius. nullam laesionem
sustineat anima eius. sed cum magnus dies ille) *[verso]* remunera-
tionis aduenerit resuscitare eum dne una cum scis et electis tuis,
dones ei delicta atque peccata usque ad nouissimum quadrantem.
tecumque inmortalitatis uitam et regnum consequatur aeternum.
per

82

COLLECTIO. Dirii(!) uulneris nouitate perculsi et quodammodo
cordibus sauciati. misericordiam tuam mundi redemptor flebilibus
uocibus imploramus ut cari nostri N. animam [. . .]

82: V 1608 Pr 289,2

Nachwort

Unberücksichtigt können hier die Fragmente eines angelsächsischen Plenarmissale aus dem Anfang des 10. Jh. (Vor- und Nachsatzblätter des Cod. Vat. lat. 3325)[56] bleiben, da dieses eine spätere Entwicklungsstufe des Bonifatius-Sakramentars darstellt, sowie Blätter eines in irischer Schrift geschriebenen Responsoriale für das Chorgebet aus dem 9. Jh., dessen Zugehörigkeit zur angelsächsischen Liturgie nicht gesichert ist.[57] Unberücksichtigt bleiben in unserer Edition ferner die Kölner Blätter eines angelsächsischen Sakramentars.[58] Diese stammen zwar aus der gleichen Zeit und der gleichen Gegend wie das Regensburger Exemplar, sie gehören jedoch allem Anschein nach einem anderen Sakramentar-Typus an. Sie beinhalten Teile der Votivmessen, die fast genau mit denen in den Sacramentaria Gelasiana mixta zusammengehen.[59] Das gleiche gilt für ein Fragment mit Commune-Messen in Paris (B. N., ms. lat. 9488, fol. 3–4) aus dem 8. Jh. Es ist in Nordengland in insularer Majuskel geschrieben.[60]

Um dem Brauch der römischen Kirche zu folgen – eine Forderung, die bereits von Innocenz I (402–417)[61] und dann in stärkerem Maß von den Päpsten des 8. Jh. erhoben wurde[62] –

---

[56] Vgl. CLLA Nr. 425 (mit Angabe der Edition und Literatur).
[57] Vgl. CLLA Nr. 428. Der Herausgeber G. Morin nahm an, daß das Responsoriale dem gallikanischen Ritus zugehört.
[58] Vgl. CLLA Nr. 415. Gründe, die für eine Zugehörigkeit zum Typus des Regensburger Bonifatius-Sakramentars zu sprechen scheinen, bei K. Gamber, in: Sacris erudiri XII (1961) 96–98.
[59] Vgl. H. Frank, in: St. Bonifatius (Fulda 1954) 83–88.
[60] Vgl. CLLA Nr. 803 (mit weiteren Angaben).
[61] In seinem Brief an den Bischof von Gubbio (PL 20,551).
[62] So wird im Capitulare, das i. J. 716 von Papst Gregor II der nach Bayern gesandten Kommission mitgegeben wurde, eigens verlangt, daß sich die bayerischen Priester bei der Feier der heiligen Messe und im Chorgebet »secundum traditum apostolicae sedis antiquitatis ordinem« (n. 2) richten sollten (PL 89,532).

genügte es damals, den römischen Meßritus zu beobachten. Vor allem wurde darauf gesehen, daß man den römischen Canon verwendet hat, anscheinend um die Sicherheit der Konsekration zu gewährleisten und um seine Rechtgläubigkeit zu dokumentieren. Der Canon steht deshalb auch innerhalb einer »Missa romensis cottidiana« an der Spitze des gallikanischen Bobbio-Missale und am Schluß des ebenfalls gallikanischen Missale Gothicum,[63] beide aus dem Anfang des 8. Jh. Ebenso hat Papst Vigilius (538–555) an Profuturus, Bischof von Braga (in Galäcien) lediglich den Canon missae und nicht etwa ein ganzes Meßbuch übersandt.[64] Ein eigenständiges römisches Sakramentar »per anni circulum« hat es vermutlich damals auch noch gar nicht gegeben.

Wie im Bobbio-Missale und im Missale Gothicum in der Hauptsache nicht-römische Orationen verwendet werden, so finden wir im Sakramentar des heiligen Bonifatius, wie die erhaltenen Fragmente zeigen, Gebete aus der kampanischen Liturgie. Obwohl Bonifatius immer wieder in Rom angefragt hat und zwar z. T. in ganz unbedeutenden disziplinären und liturgischen Angelegenheiten,[65] hat er das angestammte nicht-römische Sakramentar weiterbenutzt. Wichtig schien für ihn nur zu sein, daß es den vorgeschriebenen römischen Canon missae enthielt.

Die Forderung einer Übernahme des (vermutlich i. J. 592 redigierten) Sacramentarium Gregorianum, des Stationsmeßbuches der römischen Päpste,[66] ist damals im 8. Jh. noch nicht erhoben worden. Trotzdem hat dieses Meßbuch schon sehr bald – und nicht erst, wie vielfach angenommen wird, unter Papst Hadrian Ende des 8. Jh. – über Rom hinaus Eingang gefunden.[67]

---

[63] Leider ist nur mehr der Beginn der »Missa cottidiana rominsis« erhalten; auch im mozarabischen Liber Ordinum leitet diese römische Messe den 2. Teil des Liturgiebuchs ein; vgl. CLLA Nr. 391.

[64] Vgl. CLLA Nr. 605.

[65] So besitzen wir einen Brief des Papstes Zacharias aus dem Jahr 751, in dem eine Anfrage des Bonifatius hinsichtlich der im Canon vom Priester zu vollziehenden Kreuzzeichen beantwortet wird; vgl. MG, Epist. mer. I (Berlin 1892) 372; Ph.H. Külb, Sämtliche Schriften des hl. Bonifatius (Regensburg 1859) I, 256.

[66] Vgl. K. Gamber, Wege zum Urgregorianum (= Texte und Arbeiten 46, Beuron 1956).

[67] Vgl. K. Gamber, Sacramentaria praehadriana. Neue Zeugnisse der süddeutschen Überlieferung des vorhadrianischen Sacramentarium Gregorianum im 8./9. Jh., in: Scriptorium 27 (1973) 3–15.

Allem Anschein nach kam es auch schon früh nach England, was bereits A. Baumstark vermutet hat,[68] wenn auch noch nicht zur Zeit Gregor d. Gr. Dies könnte man an sich vermuten, da doch dieser Papst es war, der den Bischof Augustinus auf die britischen Inseln geschickt hat.[69] Neuerdings wurden größere Fragmente eines Gregorianums gefunden, die aus der Zeit um 800 stammen und die auf einer relativ frühen angelsächsischen Tradition beruhen können.[70] Wir dürfen also annehmen, daß bei den Angelsachsen, ähnlich wie etwa in Irland,[71] im 8. Jh. verschiedene Typen von Meßbüchern gleichzeitig in Gebrauch waren, der kampanische, der gelasianische und der gregorianische. Dies ist umso weniger verwunderlich, da, wie oben gezeigt, in einer einzigen Stadt wie Regensburg damals nachweisbar mindestens zwei Sakramentar-Typen, das Bonifatius-Meßbuch in der Kathedrale und das Tassilo-Sakramentar am herzoglichen Hof, gleichzeitig verwendet wurden.

[68] A. Baumstark, Die northumbrischen »alten« und »neuen« Meßbücher, in: Liturgiegeschichtliche Quellen 11/12 (Münster 1927) 62*–70*. Baumstark hat jedoch das Zeugnis des Egbert von York, eines Freundes des Bonifatius, übersehen, der um 735 das Vorhandensein eines Sacramentarium Gregorianum in England bezeugt (vgl. PL 89,441); dazu A. Dold, in: Texte und Arbeiten 5 (1919) 32 f.
[69] Vgl. H. Ashworth, Did St. Augustin bring the »Gregorianum« to England?, in: Ephem. lit. 72 (1958) 39–43.
[70] Vgl. K. Gamber, Fragmente eines vorhadrianischen Gregorianum aus Schäftlarn, in: Sacris erudiri XXI (1972/73) 258–264; A. Dold, in: Texte und Arbeiten 5 (Beuron 1919) 31 ff. hielt auch hinsichtlich des Palimpsest-Sakramentars von Arnstein angelsächsischen Ursprung für wahrscheinlich.
[71] Zur Problematik vgl. L. Eizenhöfer, in: Sacris erudiri XVII (1966) 358–364.

Appendix I

Reste weiterer Exemplare des Tassilo-Sakramentars

Außer dem in der Einleitung besprochenen Sakramentar sind, wie dort bereits erwähnt, dürftige Reste weiterer Exemplare dieses unter Herzog Tassilo III nicht nur in Regensburg, sondern in ganz Bayern verwendeten Sakramentar-Typus erhalten.[1] Von diesen sollen hier diejenigen Fragmente, die allem Anschein nach wie das Prager Sakramentar in Regensburg entstanden sind, ihrem Wortlaut nach wiedergegeben werden, da ihre Ersteditionen in verschiedenen Zeitschriften erfolgt sind.

1.

Das Regensburger Kalendarblatt

Dieses bis vor kurzem in der Sakristei von St. Emmeram, jetzt im Bischöflichen Zentralarchiv Regensburg aufbewahrte Kalendarblatt setzt mit dem 23. November ein und reicht bis zum 25. Dezember. Es stammt aus einem relativ kleinen Liturgiebuch (147 : 112 mm), das wohl in den letzten Regierungsjahren des Herzog Tassilo III geschrieben worden ist.[2] Vielleicht war es einem Reise-Meßbuch beigefügt. Ein ähnlich kleines Sakramentar, das aus der gleichen Zeit und ebenfalls aus dem altbayerischen Raum stammt, ist in Fragmenten erhalten.[3] Es gehört ebenfalls

---

[1] Vgl. CLLA Nr. 631–635; K. Gamber, Das frühmittelalterliche Bayern im Lichte der ältesten bayerischen Liturgiebücher, in: Deutsche Gaue 54 (1962) 49–62; idem, Das Sakramentar von Salzburg als Vorlage des Pragense, in: Studia Patristica VIII (= Texte und Untersuchungen 93, Berlin 1966) 209–213; W. Dürig, in: Ephem. lit. 63 (1949) 402–405.

[2] Vgl. K. Gamber, Ein Regensburger Kalendarfragment aus der Zeit des Herzogs Tassilo III, in: Studien und Mitteilungen OSB 80 (1969) 222–224.

[3] Vgl. CLLA Nr. 635; herausgegeben von A. Dold, in: Ephem. lit. 66 (1952) 321–351 (mit vollständigem Facsimile); Ergänzungen von K. Gamber, in: Münchener Theol. Zeitschrift 9 (1958) 46–54 bzw. Sakramentartypen (Beuron 1958) 77.

zum Typus des Tassilo-Sakramentars in Prag. Da dieses vermutlich weder in Regensburg geschrieben noch gebraucht worden ist, soll hier dieser Hinweis genügen.

Unser Kalendarblatt, über das in der Einleitung bereits berichtet wurde, weist relativ wenige Einträge auf. Es erscheinen dieselben Heiligen, die auch im Prager Sakramentar vorkommen; bei uns sind sie lediglich um einige vermehrt. Bei diesen neu hinzugekommenen Namen, die typisch sind für das Sacramentarium Gregorianum, fehlt bezeichnenderweise regelmäßig der aus den Sakramentaren entnommene Vermerk »nat« (=natale) vor dem jeweiligen Namen.

Beachtenswert ist das Gedächtnis des heiligen Ambrosius von Mailand am 7. Dezember, das in so früher Zeit in nicht-mailändischen Liturgiebüchern nicht zu finden ist und auch im Prager Sakramentar fehlt. Dieses enthält jedoch, wie das Kalendarblatt, das Fest des hl. Zeno von Verona am 8. Dezember.

Das Gedächtnis des heiligen Zeno an diesem Tag (statt am 13. April) findet sich in Regensburger Kalendaren bis ins 14. Jh., so in einem noch nicht veröffentlichten Kalendar-Fragment aus dem 13. Jh. im Bischöflichen Zentralarchiv. Hier noch an erster Stelle vor Mariä Empfängnis (»zenonis epi et mr conceptio marie«). Im 14. Jh. bekommt Zeno die 2. Stelle nach dem Muttergottes-Fest – so in der Handschrift Lit. 6 (alt Lit. F 5) aus dem Domkapitelschen Archiv – um bald danach ganz aus dem Regensburger Kalender zu verschwinden.

Die Regensburger Zeno-Messe im Prager Sakramentar, die deutlich gallikanischen Ursprungs ist, kommt noch in zwei anderen Regensburger Handschriften des 10./11. Jh., und außer hier nur noch in einem Meßbuch des Zeno-Klosters zu Verona, vor.[4] Wir bringen im Appendix II das Formular dieses Festes nach einer dieser jüngeren Regensburger Handschriften.

---

[4] Vgl. K. Gamber, Die gallikanische Zeno-Messe. Ein Beitrag zum ältesten Ritus von Oberitalien und Bayern, in: Münchener Theol. Zeitschr. 10 (1959) 295–299; idem, Ordo antiquus gallicanus (=Textus patristici et liturgici 3, Regensburg 1965) 52 (Rekonstruktionsversuch des schlecht überlieferten Textes).

(November)

[. . . . .]

23	viiij	kl	dec	nat sci clementis
24	viij	kl	dec	sci grisochoni mart(yris)
25	vij	kl	dec	
26	vj	kl	dec	
27	v	kl	dec	
28	iiij	kl	dec	
29	iij	kl	dec	saturnini chrisanti et darie
30	ij	kl	dec	nat sci andree apo(stoli)

(Dezember)

dec habet dies xxxj

1		kl	dec	
2	iiij	non	dec	
3	iij	non	dec	
4	ij	non	dec	
5	nonas		dec	
6	viij	id	dec	
7	vij	id	dec	nat sci ambirosii(!) epi(scopi)
8	vj	id	dec	nat sci zenoni epi uero(nensis)
				[*verso*]
9	v	id	dec	
10	iiij	id	dec	
11	iij	id	dec	
12	ij	id	dec	
13		id	dec	nat sci lucie mart(yris)
14	xviiij	kl	ian	
15	xviij	kl	ian	
16	xvij	kl	ian	
17	xvj	kl	ian	
18	xv	kl	ian	
19	xiiij	kl	ian	
20	xiij	kl	ian	

21	xij	kl	ian	nat sci thome apostoli
22	xj	kl	ian	
23	x	kl	ian	
24	viiij	kl	ian	
25	viij	kl	ian	natiuitas dni nri ihu xpi

[. . . . .]

2.

Das Fragmentblatt in München

Einer allem Anschein nach in der herzoglichen Schreibschule entstandenen Handschrift mit Heiligen-Viten, jetzt in der Universitätsbibliothek in München (vgl. oben S. 18) ist ein Fragmentblatt eines Sakramentars vorgebunden (fol. 1), das zum Typus des Prager Sakramentars (=Pr) gehört[5] und das wegen der Ähnlichkeit in der Schrift ebenfalls in Regensburg entstanden sein könnte.

Es enthält zwei Formulare der Weihnachtszeit (Johannes und Unschuldige Kinder) und zeigt dieselben Orationen wie Pr, wenn auch bei uns mehr Orationen enthalten sind als dort. So finden wir noch regelmäßig eine »Ad populum«-Formel; eine »Alia« wie im Gelasianum fehlt jedoch auch hier regelmäßig. Das 2. Formular unseres Fragments hat außerdem eine gegenüber dem Pr zusätzliche Präfation.

Die weiteren Zeugen zur Vollhandschrift Pr zeigen trotz ihres fragmentarischen Charakters deutlich, daß Pr nicht in allen Fällen den vollen ursprünglichen Text enthält. So wurden in Pr verschiedene Präfationen gestrichen; die ehedem regelmäßig vorhandene »Ad populum«-Formel findet sich, außer an den Werktagen der Fastenzeit, nur mehr selten und fast nur noch in den Anfangspartien des Meßbuches.

Auch die Titel der einzelnen Orationen sind in unserem Fragment noch die ursprünglichen, in den Sacramentaria Gelasiana

---

[5] Herausgegeben von K. Gamber, Das Sakramentar des Bischofs Arbeo von Freising, in: Münchener Theol. Zeitschr. 9 (1958) 46–54. Heute halte ich es nicht mehr für wahrscheinlich, daß der aus Südtirol stammende Arbeo der Vermittler dieses Meßbuch-Typus nach Bayern war. Vielleicht waren es Mönche aus dem Zenokloster zu Verona; vgl. dazu K. Gamber, in: Studien und Mitteilungen OSB 81 (1970) 471–479.

üblichen: »Secreta« (nicht »Super oblata« wie in den angelsächsischen und gregorianischen Sakramentaren), »Post communionem« (nicht »Ad complendum« wie in den Gregoriana) und »Ad populum« (nicht »Super populum« wie dort).[6]

So zeigen die Fragmente dieser und weiterer bayerischer Handschriften des Pr-Typus, die dem Gelasianum im Codex V, vom Fehlen der »Alia« abgesehen, ziemlich nahe stehen, daß die spezielle Handschrift Pr eine Überarbeitung darstellt, wobei jüngere Meßbuch-Typen verwendet worden sind.[7] Die ursprüngliche Redaktion von Pr, die im folgenden Fragment vorliegt, war der Redaktion von V ähnlich, aber nicht mit dieser gleich. Das Fehlen der »Alia« hat der Pr-Typus mit mehreren oberitalienischen Gelasiana-Handschriften gemeinsam. Deshalb und aus anderen Gründen muß der Pr-Typus direkt von Oberitalien aus nach Bayern gelangt sein – vielleicht von Verona aus, wie die Zeno-Messe nahelegt – und nicht über das Frankenreich, wo die Gelasiana im Typus von V heimisch waren.

(IN NATALE SCI IOHANNIS VI KL IAN)

1

Ds qui per os beati apostoli tui iohannis euangelistae uerbi tui nobis archana reserasti. praesta quaesumus ut quod ille nostris auribus excellenter infundit. intellegenciae conpetentes eruditione capiamus. per dnm nrm

2

SECRETA. Supplicationibus apostolicis beati iohannis euangelistae quaesumus ecclesiae tuae dne commendetur oblacio. cuius magnificis predicationibus eruditur. per

3

POST COM. Beati euangelistae iohannis nos dne quaesumus merita prosequantur. et tuam nobis indulgentiam semper inplorent. per

1: V 36 Pr 6,1   2: V 39 Pr 6,2
3: V 40 Pr 6,3

---

[6] Vgl. K. Gamber, Secreta. Eine alte ravennatische Bezeichnung für das Eucharistiegebet, in: Ephem. lit. 83 (1969) 485–487.
[7] Vgl. K. Gamber, Das Sakramentar von Salzburg (s. oben Fußnote 1).

AD POPULUM. Adsit ecclesiae tuae dne quaesumus beatus euangelista iohannes. ut cuius perpetuus doctor existit. semper esse non desinat suffragator. per

IN NATALE INNOCENTUM. V KL IANUARIUS(!)

5

Ds cuius hodiernae diae preconium innocentes martyres non loquendo sed moriendo confessi sunt. omnia in nobis uitiorum mala mortifica. ut fidem tuam quam lingua nostra loquitur. etiam moribus uita fateatur. per [*verso*]

6

SECRETA. Adesto dne muneribus innocentum festiuitate sacrandis. et presta quaesumus ut eorum sinceritate possit imitare. quorum tibi dicanda ueneramur infantia. per dnm nrm

7

U+D pretiosis enim mortibus paruolorum quos propter nostri saluatoris infanciam bestiales efficia herodes funestus occidit. inmensa clemenciae tuae dona cognoscimus. fulgit namque solam magis gracia quam uoluntas. et clara est prius confessio quam loquella. ante passio quam membra passionis existerent. testes xpi qui eius nondum fuerant agnitores. O infinita benignitas cum pro nomine trucidatis etiam nescientibus meritum gloriae perire non patitur. sed proprio cruore perfusis et salus regenerationis expletur et inputatur corona martyrii. per xpm dnm nrm

8

POST COM. Ipsi nobis dne quaesumus postulent mencium puritatem. quorum innocentiam hodiae solemniter caelebramus. per

9

AD POPULUM. Discat ecclesia tua ds infantum quos hodiae ueneramur exemplo sinceram tenere pietatem. que prius uitam prestitit sempiternam. per

4: V 41 Pr–   5: V 42 Pr 7,1
6: V 45 Pr 7,2   7: V– Pr– S 61
8: V 46 Pr 7,3   9: V 47 Pr–

3.

Fragmente eines Sakramentars und Lektionars
zuletzt im Kloster Indersdorf

Es handelt sich hier um Reste einer weiteren Schwesterhandschrift zum Sakramentar von Prag und des ehedem zu diesem Meßbuch-Typus gehörendem Lektionars. Die Verbindung Sacramentarium und Lectionarium plenarium ist im 8./9.Jh. auch sonst verschiedentlich anzutreffen.[8] Beide Handschriften sind in unserm Fall zwar nicht von der gleichen, jedoch von einer ähnlich schreibenden Hand hergestellt. Zum mindesten das Lektionar ist nach E.A. Lowe so gut wie sicher in Regensburg entstanden. Zuletzt befanden sich die beiden Codices im Kloster Indersdorf, wo man sie zu Buchbindezwecken verwendet hat (jetzt Clm 29163d bzw. Clm 7678: lose Blätter).

Das Sakramentar-Fragment, ein verstümmeltes Doppelblatt,[9] zeigt Stücke aus den Initiationsriten, dem »Ordo scrutinii«, der im Prager Sakramentar seinen Platz vor dem Palmsonntag hat. Die Übereinstimmung mit Pr ist gegeben. Abweichend gegenüber Pr ist nur die erste Formel der auf Blatt 2 vorhandenen »Benedictio cerei«, die der im Gelasianum (=V) entspricht und die in Pr (sekundär) fehlt. In unserer Handschrift liegt also ebenfalls, wie im eben behandelten Fragment, eine ältere Entwicklungsstufe des Prager Sakramentars vor.

Vom Lektionar-Fragment sind zwei Einzelblätter erhalten.[10] Das eine zeigt einen Teil der Lesungen für die Ostervigil, die den Angaben in Pr genau entsprechen – hier wie dort sind 10 Lesungen vorhanden bzw. vorauszusetzen, gemeinsam ist auch das Canticum »Vinea domini spetiosa«, das nur in einer bestimmten Handschriften-Gruppe vorkommt[11] –, sowie Teile der Lesungen

[8] Vgl. K. Gamber, Missa Romensis (=Studia patristica et liturgica 3, Regensburg 1970) 107–115. Im Anhang des Sakramentars von Prag findet sich lediglich ein Kurz-Lektionar.

[9] Herausgegeben von K. Gamber, Eine ältere Schwesterhandschrift des Tassilo-Sakramentars in Prag, in: Rev. bénéd. 80 (1970) 156–162.

[10] Herausgegeben von K. Gamber, Fragmente eines Tassilo-Lektionars, in: Sacris erudiri XVIII (1967/68) 328–332 (mit Facsimile); CLLA Nr. 1211; Lowe, CLA IX, Nr. 1287.

[11] Vgl. K. Gamber, Die Lesungen und Cantica an der Ostervigil im »Comes Parisinus«, in: Rev. bénéd. 71 (1961) 125–134.

für den Monat Juni. Die Perikopen entsprechen denen im »Comes Parisinus« (=CoP)[12] aus der Zeit um 800, wenn auch bei uns weniger Lesungen wie dort vorhanden sind, was vielleicht auf einen älteren Typus hinweist. Der Text der Fragmentblätter wird mit allen Fehlern wiedergegeben. Der richtige Wortlaut ergibt sich durch Vergleich mit den in den Noten angegebenen Belegstellen. Es sei hier daran erinnert, daß auch das Prager Sakramentar einen sehr schlechten Text bietet, was zum Teil auf eine fehlerhafte Vorlage, zum Teil auf geringe Kenntnis des Lateinischen zurückgehen dürfte.

a) Aus dem Sakramentar

(EXORCISMI SUPER ELECTOS QUOS ACHOLITUS
IMPOSITA MANU SUPER EOS DICERE DEBET)
[. . . . .]

10

(Ergo maledicte diabule recognose sententiam tuam. et da honorem deo uiuo et uero. da honorem ihu xpo filio eius. et spiritui sancto et recede ab his famulis dei. quia istos sibi deus et dns nr ihs xps) [1ʳ] ad suam gratiam. et bene(dictionem fontemque baptismatis) donum uocare dignatus est. per hoc signum (sancte crucis frontibus) eorum quem nos damus. Tu ergo maledicte (diabule numquam) audeas uiolare. per

11

ITEM SUPER FEMINAS. Deus caeli deus terre deus angelorum. deus archage(lorum deus prophetarum) deus martyrum. deus uirginum. deus omnium be(ne uiuentium. deus cui) omnis lingua confiteatur. et omne genu flect(itur caelestium) terrestrium. et infernorum. Te inuoco. dne (ut has famulas tuas) perducere et custodire digneris ad gratia(m baptismi tui.) Ergo maledicte.

12

(ITEM SUPER MASCULOS). Audi maledicte satanas adiuratus. per nomen (aeterni dei et saluatoris) nostri. filii dei cum tua uictus.

10: V 292 Pr 84,2   11: V 293 Pr 84,3–4
12: V 294 V 84,5

12 Vgl. CLLA Nr. 1210 (mit weiteren Angaben).

inuidia tre(mens gemensque discede.) Nihil tibi sit. commune cum
seruis dei. iam (celestia cogitantibus) renuntiatoris tibi a saeculo
tuo. et bea(te inmortalitati uictoris.) Da igitur honorem adue-
nienti spiritui sancto. q(ui ex summa celi arce) discendens protur-
batis. fraudibus tuis (diuino fonte purgata [1ᵛ] pectora id est
sanctificata deo templum et habitaculum perficiat ut ab omnibus
paenitus noxiis preteritorum criminum liberati serui dei gratias
perenni deo referant semper et benedicant nomen eius sanctum in
secula seculorum.)

13

ITEM SUPER FEMINAS. (Deus abraham deus isaac deus iacob qui
tribus israhel monuisti et susannam de falso crimine liberasti. te
supplex deprecor dne ut liberes et has famulas tuas et perducere
eas digneris ad gratiam baptismi tui. Ergo maledicte)

14

ITEM SUPER MASCULOS. (Exorcizo te inmunde spiritus in nomine
patris et filii et spiritus sancti. ut re)cedas ab his famulis dei. ipse
enim tibi (imperat) maledicte damnate: qui pedibus super mare
ambulauit (et petro mergenti) dexteram. porrexit. Ergo mal.

15

ITEM SUPER FEMINAS. (Exorcizo te inmunde) spiritus. per patrem
et filium. et spiritum sanctum ut exeas (et recedas ab his fa)mula-
bus. dei ipse enim tibi imperat (maledicte damnate) qui ceco nato
oculos apperuit et qua(dridu)anum lazarum de monumento
suscitauit. Ergo maledicte

16

(SEQUITUR ORATIO QUAM SACERDOS DICIT) (Aeternam ac iustiss)i-
mam. pietatem tuam. deprecor dne (sancte pater omnipotens)
aeterne deus luminis et ueritatis. super hos (famulos et famulas
tuas) ut digneris eos inluminare. lumen (intellegentie tue. M)unda
eos et sanctifica. Da eis scientiam (ueram ut digni effici)antur
accedere ad gratiam baptismi (tui. teneant firmam) spem consilium.
rectum doctrinam (sanctam ut apti sint ad percipiendam gratiam
tuam.)
[. . . . .]

13: V 295 Pr 84,6–7   14: V 296 Pr 84,8
15: V 297 Pr 84,10–11   16: V 298 Pr 84,12

(SEQUITUR ORDO QUALITER SABBATO SANCTO AD UIGILIAM INGREDITUR)

[. . . . .]

17

(Deus mundi conditor auctor luminis siderum fabricator . . .
Apes uero sunt frugales in) [2ʳ] sumptibus in procreatione castissimae. (Aedificant cellulas) caereo liquore fundatas. quarum (humanae peritiae ars) magister non quoequat. eligant p(edibus flores ad nullum) damnum in floribus inuenitur. Partus (non aedunt sed ore) legentes conceptis fetus reddunt ex anim(a. sicut exemplo mirabili) xpi ore paterno processit. fecunda est (in his sine partu uirginitas) quam utique dns sequi dignatus. carnal(em se matrem habere) uirginitatis. amore constituit. Talia (igitur dne digne sacris) altaribus. munera offeruntur quibus (te laetari religio xpia)nam ambigit. Veniat ergo omnipotens deus (super hunc incensum larga tuae) benedictionis. infusio et hunc nocturn(um splendorem inuisibilis) regnator intende. ut non solum (sacrificium quod hac nocte) litatum est. archana luminis tui (admixtione refulgeat.) Sed quocumque loco. ex huius aliquid (sanctificationis fuerit) mysterio deportatum expulsa (diabolicae fraudis nequitia) uirtutis tue maiestatis (adsistat. per dnm nrm ihm xpm [2ᵛ] filium tuum qui tecum uiuit et regnat in unitate spiritus sancti per omnia saecula saeculorum. amen.)

18

(ITEM BENEDICTIO CEREI. Uere quia dignum et iustum est ut inuisibilem deum omnipotentem patrem filiumque unigenitum dnm nrm ihm xpm toto cordis ac mentis affectu et uocis ministerio personare. Qui pro nobis aeterni patri adae debitum soluit et ueteris piaculi cautionem pio cruore detersit. Hec sunt enim festa paschalia in qu)ibus uerus agnus occiditur eiusque (sanguis postibus consecr)atur. in qua primus. patres nostros. (filios israhel educens de aegypto) rubrum mare sicco uestigio transire (fecisti. Haec igitur nox est.) qui peccatorum tenebras columne (inluminatione purgauit.) Haec nox est qui hodie per uniuersum. (mundum in xpo credentes) a uitiis seculi segregatus. et caligine (pecca-

torum reddit gra)tiae sotiat sanctitatis. Haec nox est. in qua
distructis uinculis mortis) xps ab inferis. uictus. ascendit (nihil
enim nobis nasci profuit) nisi redemi profuisset. (O mira circa nos
tue pietatis) dignatio. O inestimabilis dilectio (caritatis ut seruum
rede)meres filium tradedisti. (O certe necessarium ade) peccatum
quod xpi morte deletum est. (O felix culpa quae tal)em ac tantum.
habere redemptorem (O beata nox quae sola meruit) scire tempus
et hora. in qua xps (ab inferis resurrexit. Haec nox est) de qua
scriptum est. et nox (sicut dies inluminabitur et nox inluminatio)
mea in diliciis meis. huius (. . .)

b) Aus dem Lektionar

(LECTIONES DE UIGILIIS PASCHAE)

[. . . . .]

19
(V. LECTIO ESAIAE PROPHETAE. Haec est hereditas seruorum dni . . .)
[1ʳ *linke Spalte*] cogitationibus uestris. Et quomodo descendit
imber et nex de celo et illuc ultra non reuertetur sed inebriat terram et infundit illam et germinare eam facit, et dat semen se-
renti et panem comedenti. Sic erit uerbum meum quod egredie-
tur de ore meo, dicit dns omps.

20
VI. LECTIO HIEZECHIEL(IS) PROPH(ETAE). In diebus illis. Facta est
super me manus dni et eduxit me in spiritu dni, et dimisit me in
medio campi qui erat plenus ossibus. Et circumduxit me per ea in
gyro. Erant autem multa ualde super faciem campi siccaque
uehementer. Et dixit ad me fili hominis putas ne uiuent ossa ista.
Et dixi dne deus tu nosti. Et dixit ad me. Uaticinare de ossibus
istis et dices eis. Ossa arida audite uerbum dni. Haec dicit dns deus
ossibus his. Ecce ego intromittam in uos spiritum et uiuetis.
[*rechte Spalte*] Et dabo super uos neruos et succrescere faciam
super uos carnes et superextendam in uobis cutem et dabo uobis

19: CoP 178   20: CoP 179

spiritum et uiuetis. Et scietis quia ego dns et prophetaui sicut praeceperat mihi. Factus est autem sonitus prophetante me et ecce commotio et accesserunt ossa ad ossa. Unumquodque ad iuncturam suam. Et uidi et ecce super ea nerui et carnes ascenderunt et extenta est in eis cutis desuper et spiritum non habebant. Et dixit ad me. Uaticinare ad spiritum uaticinare fili hominis et dices ad spiritum. Haec dicit dns deus a quattuor uentis ueni spiritus. et insuffla super interfectos istos et reuiuescant. Et prophetauis sicut praeceperat mihi. Et ingressus est in ea spiritus et uixerunt et steterunt super pedes suos exercitus grandis nimis ualde. Et dixit ad me. fili hominis ossa haec unuiersa domus israhel est. [1ᵛ *linke Spalte*] ipsi dicunt. Aruerunt ossa nostra et periit spes nostra. et abscissi sumus. propterea uaticinare et dices ad eos. Haec dicit dns deus. Ecce ego aperiam tumulos uestros et deducam uos de saepulchris uestris populus meus. et inducam uos in terram israhel. et scietis quia ego dns. Cum aperuero saepulchra uestra. et eduxero uos de tumulis uestris populus meus dedero spiritum meum in uobis et uixeritis. Et requiescere uos faciam dicit dns omnipotens. (Ez 37, 1–14)

21

VII. LECTIO ESAIAE PROPHETAE. In diebus illis. Adpraehendent septem mulieres uirum unum. in die illa dicentes. panem nostrum comedimus. et uestimentis nostris operimur. tantummodo inuocetur nomen tuum super nos. aufer obprobrium nostrum. In die illa erit germen dni in magnificentia et gloria et fructis [*rechte Spalte*] terrae sublimis et exsultatio his qui saluati fuerint de israhel. et erit omnis qui relictus fuerit in Sion et residuus in hierusalem. sanctus uocabitur omnis qui scriptus est in uita hierusalem, Si abluerit dne sordem filiarum sion et sanguinem hierusalem lauerit de medio eius in spiritu iudicii et spiritu ardoris, Et creauit dns super omnem locum montem sion et ubi inuocatus est nubem per diem. Et fumum et splendorem ignis flammantis in noctem. Super omnem enim gloriam protectio. et tabernaculum erit in umbraculum diei. ab aestu et in securitatem et absconsionem a turbidine et a pluuia. dicit dns omps. (Is 4, 1–6)

21: CoP 180

100

CANTICUM. Uinea dni speciosa facta est. Cantabo nunc dilecto canticum dilectae uineae meae. Uinea facta est dilecta in cornu in loco uberi. Et aedificaui turrem in (medio eius et torcular fodi in ea. Et macheria circumdedi et circumfodi et plantaui uineam sorech. Nunc homo qui habitas in hierusalem. iudica inter me et uineam meam. Debuerat enim facere uuas fecit autem lebruscas. Sustinui ut faceret iustitiam fecit iniquitatem. Diruam maceriam eius. non plantabitur neque fodietur. Uae qui coniugitis domum ad domum et agrum et ad agrum copolatis usque ad terminum loci. Numquid habitabitis soli uos in medio terrae. In auribus meis est haec. dicit dns exercituum.)

[. . . . .]

(DOMINICA II POST OCTABA PENTECOSTEN)

[. . . . .]

23

(SECUNDUM LUCAM) (In illo tempore. Homo quidam fecit cenam magnam . . .) [2ʳ *linke Spalte*] Et ait dns seruo. Exi in uias et saepes et compelle intrare ut impleatur domus mea. Dico autem uobis quod nemo uirorum illorum qui uocati sunt gustabunt cenam meam. (Lc 14, 16–24)

DIE XXIII MENSIS SEXTI
UIGILIA SANCTI IOHANNIS BAPTISTAE

24

LECTIO HIEREMIAE PROPHETAE. In diebus illis. Factum est uerbum dni ad me dicens. Priusquam te formarem in utero noui te. et antequam exires de uulua sanctificaui te et prophetam in gentibus dedi te. Et dixi a. a. a. dne deus. ecce nescio loqui quia puer ego sum. et dixit dns ad me. Noli dicere quia puer sum quoniam ad omnia quae mittam te ibis et uniuersa quaecumque mandauero

22: CoP 180a   23: CoP 253
24: CoP 273

tibi loqueris. ne timeas a facie eorum quia tecum ego sum ut
eruam te dicit dns. Et misit dns manum suam et tetigit [*rechte
Spalte*] (os meum. et dixit dns ad me) Ecce dedi uerba mea in ore
tuo. ecce constitui te. hodie super gentes et super regna et euellas
et destruas et disperdas et dissipes et aedifices et plantes. dicit dns
omps. (Jer 1,4–10)

25

SECUNDUM LUCAM CP II. In illo tempore. Fuit in diebus herodis
regis iudae sacerdos quidam nomine zacharias de uice abia. et uxor
illi de filiabus aaron et nomen eius helisabeth. Erant autem iusti
ambo ante deum incedentes in omnibus mandatis et iustificationi-
bus dni sine quaerela et non erat illis filius : eo quod esset helisabeth sterilis et ambo processerint in diebus suis. Factum est autem
cum sacerdotio fungeretur zacharias in ordine uicis suae ante
deum secundum consuetudinem sacerdotii sorte exiit ut incensum
poneret. Ingressus in templum dni. Et omnis multitudo erat [2ᵛ
linke Spalte] (orans foris hora) incensi. Apparuit autem illi angelus
dni stans a dextris altaris incensi. Et zacharias turbatus est uidens
et timor irruit super eum. Ait autem ad illi angelus. ne timeas
zacharias quoniam exaudita est deprecatio tua. et uxor tua helisabeth pariet tibi filium. et uocabis nomen eius iohannem. et erit
gaudium tibi et exultatio. et multi in natiuitate eius gaudebunt.
Erit enim magnus coram dno. et uinum et siceram non bibet et
spiritu sancto replebitur adhuc ex utero matris suae. et multos
filiorum israhel conuertet ad dnm deum ipsorum. et ipse praecedet
ante illum in spiritu et uirtute heliae ut conuertat corda patrum in
filios et incredibiles ad prudentiam iustorum parare dno plebem
perfectam. (Lc 1,5–17)

DIE XXIIII MENS
NATALE SANCTI IOHANNIS BAPTISTE

26

LECTIO ESAIAE PROPHETAE. [*rechte Spalte*] Haec dicit dns. Audite
insulae et attendite populi de longe dns ab utero uocauit me de
uentre matris meae recordatus est nominis mei. Et posuit os

25: CoP 274   26: CoP 275

meum quasi gladium acutum in umbra manus suae protexit me et posuit me sicut sagittam electam in faretra sua abscondit me. Et dixit mihi. Seruus meus es tu israhel quia in te glorificabor. Et nunc haec dicit dns formans me in utero seruum sibi. dedi in te lucem gentium ut sis salus mea usque ad extremum terrae. Reges uidebunt et consurgent principes et adorabunt propter dnm deum tuum et sanctum israhel qui elegit te. (Is.49, 1–3.5a.6b.7b)

27

SECUNDUM LUCAM CP II. In illo tempore. Helisabeth impletum est tempus pariendi et peperit filium. et audierunt uicini et cognati eius quia magnificauit (dns misericordiam suam cum illa et congratulabantur ei . . .) (Lc 1,57 ss).

27: CoP 276

Appendix II

Ein Regensburger Proprium aus dem 10./11. Jahrhundert

Eine der ersten liturgischen Handschriften, die ediert wurden, ist das von Angelo Rocca i. J. 1593 herausgegebene »Sacramentarium Gregorianum«. Rocca hat als Vorlage den Cod. Vat. lat. 3806 aus der Zeit um die Jahrtausendwende, von dem oben am Schluß der Einleitung bereits die Rede war, benutzt.[1] Da der Name des Papstes Gregor im Titel des Meßbuches erscheint (»Liber sacramentorum ... a sancto Gregorio papa romano editus«), war der Herausgeber der Meinung, es handle sich um das authentische Sakramentar dieses Papstes. In Wirklichkeit stellt die Handschrift ein typisches Misch-Sakramentar dar (Gregorianum mixtum).

Was den Ort der Niederschrift betrifft, so haben sowohl H. Ehrensberger[2] als auch A. Ebner, ein leider zu früh verstorbener Regensburger Sakramentarforscher, den Codex als ein »Sacramentarium Benedictinum Fuldense« bezeichnet.[3] Doch stellte E. H. Zimmermann aus kunsthistorischen Erwägungen heraus die Entstehung im Kloster Fulda in Frage und erklärte die prunkvoll geschriebene Handschrift als »die Arbeit eines Regensburger oder in Regensburger Tradition groß gewordenen Künstlers«.[4]

Vom Text des Meßbuches her kam O. Heiming zu einer ähn-

[1] Vgl. A. Rocca, Sacramentarium Gregorianum (Roma 1593); inter opp. S. Gregorii (Paris 1596 und 1675), ferner bei Vezzosi (1751); vgl. auch D. Georgius, De Liturgia Romani Pontificis (1743) II, p. CXLIX; CLLA Nr. 941.

[2] H. Ehrensberger, Libri liturgici Bibliothecae Apostolicae Vaticanae manu scripti (Freiburg 1897) 404f.

[3] A. Ebner, Quellen und Forschungen zur Geschichte und Kunstgeschichte des Missale Romanum im Mittelalter. Iter italicum (Freiburg 1896) 212–215.

[4] E. H. Zimmermann, Die Fuldaer Buchmalerei in karolingischer und ottonischer Zeit, in: Kunstgeschichtliche Jahrbücher der K. K. Zentralkommission für Erforschung und Erhaltung der Kunst- und historischen Denkmale 4 (1910) 102f.

lichen Erkenntnis.[5] Durch Vergleich mit einer anderen Regensburger Handschrift aus der gleichen Zeit, dem ebenfalls bereits erwähnten Wolfgangs-Sakramentar (Cod. Veronensis 87), sprach er die Vermutung aus, der Cod. Vat. lat. 3806 sei zwar in Regensburg, aber wohl nicht für Regensburg geschrieben. Heiming stützt sich dabei auf das Kalendar unseres Meßbuchs; doch kann man m. E. aus einem Kalendar allein, besonders was die Zeit vom 9. Jh. an betrifft, keine sicheren Schlüsse auf den Bestimmungsort einer Handschrift ziehen.

Das vorliegende Kalendar zeigt so gut wie keinen lokalen Charakter. Es sind die verschiedensten deutschen und fränkischen Heiligen berücksichtigt. Es fehlt zwar am 22. September St. Emmeram nicht (»Radesbona sci emmerammi epi et mr«), ansonsten vermißt man jedoch typisch Regensburger Gedenktage, wie die im oben (Appendix I) edierten Kalendarblatt aus der Tassilo-Zeit. So fehlt z. B. das Gedächtnis des heiligen Zeno am 8. Dezember, obwohl im Meßbuch selbst ein Meßformular dafür vorhanden ist. Ganz allgemein gesagt: Kalendar und Sakramentar stimmen nicht überein.

Ein deutlicher Hinweis auf Regensburg als Heimat des Liturgiebuches ist durch auffällige Beziehungen zum Sakramentar von Prag (=Pr) gegeben, eines, wie wir oben sahen, in Regensburg geschriebenen und verwendeten Codex. Am Schluß unserer Handschrift in der Vaticana findet sich nämlich ein von gleicher Hand stammender Nachtrag (foll. 300v–307r), worin sich in der Hauptsache Formulare aus diesem Sakramentar-Typus finden.

So ist das Gregor-Formular nur mehr in Pr nachweisbar. Zwei weitere Formulare, das der »Translatio sci martini episcopi« und das von »Natale sci zenonis« kommen außer in Pr nur mehr in der oben genannten Parallel-Handschrift, dem Wolfgangs-Sakramentar, vor.[7] Solche Tatsachen wiegen das Fehlen eines typisch Regensburger Kalendars auf.

[5] O. Heiming, Zur Heimat des Sakramentars Vat. lat. 3806, in: JLW IV (1924) 185–187.
[6] Vgl. Ebner, Quellen und Forschungen 288–290; idem, Das Sakramentar des heiligen Wolfgang, in: Der heilige Wolfgang, Bischof von Regensburg (Regensburg 1894) 163–181.
[7] Vgl. A. Dold – L. Eizenhöfer, Das Prager Sakramentar (=TuA 38/42, Beuron 1949) 26 Fußnote 1.

Das Simeons-Formular in unserm Anhang findet sich weder in Pr noch im Wolfgangs-Sakramentar, es erscheint eigenartigerweise in einem spanischen Meßbuch, dem Sakramentar von Vich (=U) aus dem 10. Jh.[8] Ein spanisches Liturgiebuch kann jedoch hier nicht die Quelle gebildet haben. Es ist gar nicht ausgeschlossen, daß diese das Regensburger Bonifatius-Sakramentar selbst darstellt, wo im Kalendar am 27. Juli der Vermerk steht: »Orationes et preces in die adsumptione sci simeonis monachi in syria«.[9] Die Partie mit den Meßformularen für die Heiligenfeste ist bekanntlich nicht erhalten geblieben.

Wir bringen nun den Text des Anhangs zum Cod. Vat. lat. 3806, der somit das älteste erhaltene Regensburger Proprium darstellen dürfte:

Cod. Vat. lat. 3806

[fol. 300ᵛ]   NON MART. NATALE SANCTORUM PERPE-
TUAE ET FELICITATIS   (7. März)

1

Da nobis dne deus noster sanctorum martyrum palmas incessabili ueneratione uenerari. ut quas digna mente non possumus celebrare. humilibus saltem frequentemus obsequiis. per

2

SECRETA. Intende dne munera quaesumus altaribus tuis pro sanctarum tuarum felicitatis et perpetuae commemoratione proposita. ut sicut per haec beata mysteria illis gloriam contulisti. nobis indulgentiam largiaris. per

3

AD COMPLENDUM. Praesta nobis dne quaesumus intercedentibus sanctis. ut quae ore contingimus pura mente capiamus. per

1: Pr 41,1   2: Pr 41,2
3: Pr 41,3

---

[8] Herausgegeben von A. Olivar, El Sacramentario de Vich (=Monumenta Hispaniae Sacra, Serie liturgica, Vol. IV, Madrid-Barcelona 1953); vgl. CLLA Nr. 960.

[9] Vgl. K. Gamber, Das kampanische Meßbuch, in: Sacris erudiri XII (1961) 48–49. Möglicherweise stammt auch das vorausgehende Formular für die »Translatio sci martini« aus dem Bonifatius-Sakramentar, da es sich, außer in Regensburger Handschriften, sonst nicht findet und im Walderdorff-Fragment am 4. Juli dieses Gedächtnis verzeichnet ist.

IV ID MART. NATALE SANCTI GREGORII PAPAE
(12. März)

4

Praesta quaesumus omnipotens deus. ut qui beati gregorii confessoris tui atque pontificis sollemnia colimus. eius apud te
patrocinia sentiamus. per

5

SECRETA. Hostias tibi dne pro commemoratione sancti gregorii
confessoris tui atque pontificis offerimus. ut sicut illi praebuisti
sacrae fidei claritatem. sic nobis indulgentiam largiaris et pacem.
per [fol. 301ʳ]

6

AD COMPLENDUM. Sumentes dne gaudia sempiterna participatione
sacramenti. praesta quaesumus ut beati gregorii cuius natalitia
colimus precibus adiuuemur. per

XII KAL APR. NATALE SANCTI BENEDICTI ABBATIS
(21. März)

7

Intercessio nos quaesumus dne beati benedicti sancta commendet.
ut quod nostris meritis non ualemus. eius patrociniis assequamur.
per dnm

8

SECRETA. Sacrificium dne quod desideranter offerimus. gratum
tibi beatus benedictus suffragator efficiat. per dnm nrm

9

AD COMPLENDUM. Sumptum dne caelestis remedii sacramentum.
ad perpetuam nobis prouenire gratiam beatus benedictus obtineat.
per

4: Pr 42,1   5: Pr 42,2
6: Pr 42,4   7: F 1136
8: ?   9: ?

107

10

Deus qui multitudinem populorum beati bonifacii pontificis
atque martyris instantia ad agnitionem tui sancti nominis uocare
dignatus es. concede propitius. ut cuius solemnia colimus etiam
patrocinia sentiamur. per

11

SUPER OBLATA. Accepta sit quaesumus dne in conspectu tuo
nostrae humilitatis oblatio. et sancti bonifacii martyris tui [fol.
301ᵛ] atque sacerdotis. fiat supplicatione salutaris. pro cuius
solemnitate tuae maiestati defertur. per

12

AD COMPLENDUM. Supplices te rogamus omnipotens deus. ut
intercedente sancto bonifacio martyre tuo atque pontifice. in
cuius festiuitate haec caelestia sumpsimus sacramenta. tua nobis
dona semper multiplices. et uitam nostram ab omni aduersitate
defendas. per

V[II] ID IUN. NATALE SANCTORUM UINCENTII ET
BENIGNI (9. Juni)

13

Magnificantes dne clementiam tuam suppliciter exoramus. ut qui
nos sanctorum tuorum uincentii ac benigni frequentibus facis
natalitiis interesse. perpetuis tribuas gaudere consortiis. per dnm

14

SECRETA. Fraterna nos dne martyrum tuorum uincentii ac benigni
corona laetificet. quae et fidei nostrae praebeat incitamenta uirtutum. et multiplici nos suffragio consoletur. per dnm nrm

15

AD COMPLENDUM. Sumpsimus dne sanctorum tuorum solemnia
caelebrantes caelestia sacramenta. praesta quaesumus ut quod
temporaliter gerimus. aeternis gaudiis consequamur. per dnm nrm

10: F 1031   11: F 1032
12: F 1035   13: cf. F 1041
14: cf. F 1155   15: cf. F 1917

(15. Juni)

16

Da ecclesiae tuae dne quaesumus sancto uito intercedente superbe
non sapere sed placita tibi humilitate proficere. ut proterua
despiciens quacumque matura sunt libera exerceat caritate. per

17

SECRETA. Sicut gloriam diuinae potentiae munera pro sanctis
oblata testantur. sic nobis effectum tuae salutionis impendant.
per dnm nrm

18

AD COMPLENDUM. Refecti dne benedictione sollemni. quaesumus
intercessione sancti uiti. medicina sacramenti et orporibus nostris
prosit et mentibus. per

IIII NON IUL. TRANSLATIO SANCTI MARTINI
EPISCOPI (4. Juli)

19

Deus qui nos beati martini confessoris tui atque pontificis annuae
solemnitatis translatione laetificas. concede propitius ut cuius
sollemnia colimus. per eius ad te exempla gradiamur. per

20

SECRETA. Intercessio dne sancti martini confessoris tui atque
pontificis munera nostra conmendet, nosque in eius ueneratione
tuae maiestati reddat acceptos. per dnm nrm

21

PRAEFATIO. U + D aeterne deus. Sancti martini confessoris tui
atque pontificis dne hodierna geminasti nobis confessione [fol.
302ᵛ] laetitiam. qui pariter sacerdos in modico. hoc est in paruo
uitae praesentis excurso fidelis apparuit. super multa bona utique in
sempiternum mensura beatitudinem disponatur. per xpm dnm nrm

16: Pr 140,1   17: Pr 140,2
18: Pr 140,3   19: Pr 155,1
20: Pr 155,2   21: Pr–

AD COMPLENDUM. Quaesumus dne salutaribus repleti mysteriis. ut sancti martini confessoris tui atque pontificis. cuius sollemnia caelebramus. eius orationibus adiuuemur. per

VI KAL AUG. NATALE SANCTI SYMEONIS (27. Juli)

23

Adesto dne supplicationibus nostris. nec nos ullis mentis et corporis patiaris subiacere periculis. quos beati tui symeonis munit gloriosa confessio. per dnm nrm

24

SECRETA. Sancti intercessione symeonis et famulorum tuorum munus. dne reddatur acceptum. et cunctis salutare proueniat. per

25

AD COMPLENDUM. Tua nos dne intercedente beato symeone sancta purificent. quia non nisi isdem purgantibus expiamur. per

IIII KAL AUG. NATALE SANCTORUM FELICIS SIMPLICII FAUSTINE ET BEATRICIS (29. Juli)

26

Praesta dne quaesumus ut sicut populus christianus martyrum tuorum. felicis .[fol. 303^r] simplicii. faustini et beatricis. temporali solemnitate congaudet. ita perfruatur aeterna. et quod uotis celebrat. comprehendat effectu. per

27

SUPER OBLATA. Hostias tibi dne pro sanctorum martyrum (felicis) simplicii. faustini. et beatricis commemoratione deferimus. suppliciter obsecrantes. ut indulgentiam nobis pariter conferat et salutem. per dnm

22: Pr 155,3   23: U 478
24: U 479   25: U 481
26: Pr 161,1   27: Pr 161,2

28

AD COMPLENDUM. Praesta quaesumus omnipotens deus ut sanctorum tuorum. felicis. simplicii. faustini. et beatricis. caelestibus mysteriis celebrata sollemnitas. indulgentiam nobis tuae propitiationis adquirat. per dnm nrm

III NON AUG. INUENTIO CORPORIS SANCTI STEPHANI PROTOMARTYRIS (3. August)

29

Deus omnipotens mundi creator et redemptor. qui hunc diem in leuitae stephani inuentione consecrasti. concede propitius. ut qui martyrii eius merita ueneramur. intercessionibus eius ab aeternis ignitis lapidibus liberemur. per dnm

30

SECRETA. Praesta quaesumus dne. ut per sancti stephani martyris tui inuentionem. quem ad laudem nominis tui dicatis muneribus honoramus. pie [fol. 303ᵛ] nobis deuotionis fructus adcrescat. per

31

AD COMPLENDUM. Supplices te rogamus omnipotens deus. ut interueniente beato stephano protomartyre tuo. in cuius haec festiuitate. caelestia sumpsimus sacramenta. tua in nobis semper dona multiplices. et uitam nostram ab omni aduersitate defendas. per

NATALE SANCTI ARNULFI (15. August)

32

Deus qui beatum arnulfum confessorem tuum atque pontificem. doctorem praecipuum. catholiceque fidei praedicatorem eligere dignatus es. praesta quaesumus. ut ipsum pro nobis sentiamus intercedere. ut peccatorum nostrorum mereamur exui maculis. et tibi dno sinceris mentibus deseruire. per

---

28: Pr 169,3   29-30: ?
31: ?
32-36: ? (Datumsangabe fehlt, spätere Regensburger Kalendare verzeichnen Arnulf am 16. August, im Martyrologium steht er am 15. August)

33

ALIA. Deus mundi auctor et conditor. qui hodiernae festiuitatis diem beati arnulfi confessoris tui. atque pontificis migratione consecrasti. praesta quaesumus. ut cuius annua celebritate deuotis exultamus obsequiis. eius suffragiis tuae pietatis consequamur auxilium. per

34

SUPER OBLATA. Omnipotens sempiterne deus. qui beatum arnulfum confessorem tuum atque pontificem. et pontificatus officio. [fol. 304^r] et fidei munere sublimasti. tribue supplicibus tuis. ut quicquid contagione contractum est in nobis. ipso pro nobis summo antistite tuo intercedente saluetur. per

35

AD COMPLENDUM. Repleti sumus dne muneribus tuis. quae de festiuitate beati arnulfi confessoris tui atque pontificis percepimus. tribue quaesumus ut eodem intercedente. eorum mundemur effectu. et muniamur auxilio. per

36

ALIA. Aeterne quaesumus omnipotens deus. qui beati arnulfi tui nominis confessorem aecclesiae tuae doctorem dedisti. praesta quaesumus ut quod diuino afflatu docuit. nostris iugiter in cordibus stabilietur. et quem patronum te donante amplectimur. eum apud tuam misericordiam defensorem habere mereamur. per

XIIII KAL SEPT. NATALE SANCTI MAGNI
(19. August)

37

Adesto dne supplicationibus nostris et intercedente beato magno martyre tuo. ab hostili defende propitiatus incursu. per dnm

38

SECRETA. Grata tibi sint munera nostra dne. quae et tuis sint instituta praeceptis. et beati magni festiuitas gloriosa commendet. per [fol. 304^v]

39

AD COMPLENDUM. Tua sancta sumentes quaesumus dne. ut beati magni nos foueant continuata presidia. per

VI KAL SEPT. NATALE SANCTI RUFI MARTYRIS
(27. August)

40

Adesto dne supplicationibus nostris. et beati rufi intercessionibus confidentes. nec minas aduersantium. nec ullo conturbemur incursu. per

41

SECRETA. Intercessio quaesumus dne sancti tui rufi munera nostra commendet. nosque in eius ueneratione tuae maiestati reddat acceptos. per dnm nrm

42

AD COMPLENDUM. Sumentes gaudia aeterna de participatione sacramenti. et festiuitate beati martyris tui rufi suppliciter deprecamur. ut quae sedula seruitute sonante te gerimus dignis sensibus tuo munere capiamus. per dnm

ID OCT. UIGILIA SANCTI GALLI (15. Oktober)

43

Sancti galli confessoris tui dne supplicationibus tribue nos foueri ad cuius uenerabilem sollemnitatem praeuenimus obsequio. eius intercessionibus commendemur et meritis. per

44

SECRETA. Munera populi tui dne propitius intende. et beati galli confessoris tui. cuius nos tribuis preire sollemnia. [fol. 305ʳ] fac gaudere suffragiis. per

39: V 1002   **40:** V 1003
41: V 1004
42: V 1005 (diese beiden Formulare fehlen versehentlich in Pr)
43: SB 4
44: SB 5

45

AD COMPLENDUM. Adiuuent nos quaesumus dne haec mysteria sancta quae sumpsimus. et beati galli confessoris tui cuius sollemnitatem preimus. intercessio ueneranda. per dnm nrm

46

ORATIO AD UESPERUM. Deus qui nos beati galli confessoris tui confessione gloriosa circumdas et protegis. praesta nobis eius imitatione proficere. et oratione fulciri. per dnm nrm

XVII KAL NOU. NATALE SANCTI GALLI
(16. Oktober)

47

Deus qui praesentem diem honorabilem nobis in beati galli confessoris tui sollemnitate fecisti. da populis tuis spiritalium gratiam gaudiorum. et omnium fidelium mentes dirige in uiam salutis aeternae. per dnm nrm

48

SECRETA. Hostias dne quas nomini tui sacrandas offerimus. sancti galli confessoris tui prosequatur oratio. per quam nos expiari tribuis et defendi. per dnm

49

AD COMPLENDUM. Beati galli confessoris tui. cuius hodie festiuitate corpore et sanguine tuo nos reficisti. quaesumus dne intercessione nos adiuua. pro cuius sollemnitate percepimus tua sancta laetantes. [fol. 305ᵛ] per dnm nrm

50

ORATIO AD UESPERUM. Deus qui nos beati galli confessoris tui annua sollemnitate letificas. concede propitius ut cuius natalitia colimus. etiam actiones imitemur. per

45: SB 6   46: SB–
47: SB 7   48: SB 8
49: SB 9   50: SB–

V(I) ID DEC. NATALE SANCTI ZENONIS
(8. Dezember)

51

Uenerabilem diem beati confessoris tui zenonis. deuotione sancta hodie celebrantes. te dne conseruatorem omnium fideliter depraecamur. ut piis nostris precibus clemens ac propitius aspiras. sicut et illi misericordiam largiaris. per

52

SECRETA. Deus qui fulgentibus margaritis clarum lumen inferis mundo. qui beato pontificato zenonis aeternam in caelis coronam praeparasti. et nobis quoque famulis tuis astantibus ante conspectum maiestatis tuae adesse digneris. per

53

AD COMPLENDUM. Deus qui tali ecclesiae fecisti pontificem. uitalem nostris temporibus constituisti sacerdotem. qui purissimam et inmaculatam hostiam possit offerre. per

Initienverzeichnis

Die einfachen Zahlen beziehen sich auf das Bonifatius-Sakramentar. Sind die römischen Zahlen I oder II zur Zahl beigefügt, dann handelt es sich um die Formeln des Appendix I oder II.

A

Accepta sit qs dne in conspectu tuo II, 11
Accepta tibi sit dne nostrae deuotionis oblatio 28
Accipit panem in scas et uenerabiles manus suas 8
Adesto dne muneribus innocentum festiuitate I, 6
   supplicationibus nostris et beati rufi II, 40
   supplicationibus nostris et intercedente II, 37
   supplicationibus nostris nec nos II, 23
Adiuua nos ds salutaris noster et in sacrificio 45
Adiuuent nos qs dne haec mysteria sancta II, 45
Adsit ecclesiae tuae dne qs beatus euangelista I, 4
Aeternam ac iustissimam pietatem tuam I, 16
Aeterne qs omnipotens ds qui beati arnulfi II, 36
Audi maledicte satanas adiuratus per nomen I, 12

B

Beati euangelistae iohannis nos dne qs I, 3
Beati galli confessoris tui cuius hodie II, 49
Benedic dne hos fructus nouos uuae 63
Benedictionem tuam dne populo suppliciter 68

C

Caelestis uitae munere uegitati quessumus dne 41
Communicantes et diem sacratissimam celebrantes 19
Communicantes sed et memoriam uenerantes 4
Concede nobis omnipotens ds ut per annua 43

116

omnipotens et mis. ds ut magnae fest. 48
(haec) quaessumus dne frequentare 38
Credimus dne credimus in hac confractione 14

D

Da ecclesiae tuae qs sancto uito intercedente II, 16
  quessumus dne fidelibus tuis ieiunias 50
  nobis dne deus noster sanctorum martyrum II, 1
  nobis quaessumus dne ipsius recensita natiuitate 20
  multitudine misericordiae tuae dne populum 32
Ds abraham ds isaac ds iacob qui tribus israhel I, 13
Ds caeli ds terrae ds angelorum ds archangelorum I, 11
Ds cuius hodiernae die preconium innocentes I, 5
Ds mundi auctor et conditor qui hodiernae fest. II, 33
Ds mundi conditor auctor luminis siderum I, 17
Ds omnipotens mundi creator et redemptor II, 29
Ds qui diei noctisque cursu iteratione 77
  beatum arnulfum confessorem tuum II, 32
  fulgentibus margaritis clarum lumen II, 52
  inluminas noctem et lumen post tenebras 79
  multitudinem populorum beati bonifacii II, 10
  nos beati galli confessoris tui annua II, 50
  nos beati galli confessoris tui II, 46
  nos beati martini confessoris tui II, 19
  per os beati apostoli tui iohannis I, 1
  per unigenitum tuum aeternitatis nobis 54
  praesentem diem honorabilem in beati galli II, 47
  tali ecclesiae fecisti pontificem II, 53
  te rectis ac sinceris manere pectoribus 61
  uniuersorum creator et conditor es 80
Diesque nostros in tua pace disponas 6
Diri uulneris nouitate perculsi 82
Discat ecclesia tua ds infantum I, 9
Diuino magisterio edocti et diuina institutione 15

E

Ecclesiae tuae dne munera placatus adsume 37
Erectis sensibus et oculis cordis 59
Ergo maledicte diabule recognosce sententiam tuam I, 10
Exaudi nos dne salutaris noster ut per haec 56
Exaudi nos dne sancte pater omn. aet. ds ut uiam 70
Exorcizo te inmunde spiritus in nomine patris I, 14
  per patrem et filium I, 15
Exultationem condicionis humanae substantiae 58
Exurgentes de cubilibus nostris auxilium 74

F

G

H

I

L

M

Memento dne famulorum famularumque tuarum 3
Memento etiam dne et eorum nomina 10
Munera dne tibi dicata quaesumus sanctifica 66
Munera populi tui dne propitius intende II, 44

N

Nobis quoque peccatoribus famulis tuis 12

O

Omnipotens s. ds apud quem nihil tenebrosum nihilque 72
   misericordiam tuam ostende 47
   qui beatum arnulfum II, 34
   qui primitias martyrum 23
   qui nobis in obseruatione 52
   uespere et mane meridie 78

P

Per quem haec omnia dne semper bona creas 13
Perpetua qs dne pace custodi quos in te 65
Populus tuus dne quaessumus semper exultans 22
Praesta dne qs ut sicut populus christianus II, 26
   famulis tuis dne habundantiam 42
   nobis dne qs intercedentibus sanctis II, 3
   nobis misericors ds ut placationem 35
   nobis omnipotens deus ut quia 33
   qs dne ut per sancti stephani martyris II, 30
   qs omn. ds ut qui beati gregorii conf. II, 4
   qs omn. ds ut sanctorum tuorum felicis II, 28
Propitiare dne supplicium 53
Prosit nobis dne quaessumus et sacrificii caelestis 26

Q

Quam oblationem tu ds in omnibus quaessumus 7
Quaesumus dne salutaribus repleti mysteriis II, 22

R

Refecti dne benedictione sollemni qs II, 18
Repleti sumus dne munerinus tuis quae de festiuitate II, 35

S

Sacrificiis dne placatus oblatis opem tuam 71
Sacrificium dne quod desideranter offerimus II, 8
Sacrificium dne pro filii tui supplices 55
Sancti galli confessoris tui dne supplicationibus II, 43
Sancti intercessione symeonis et famulorum II, 24
Sancti nominis tui dne timorem pariter et amorem 60
Sicut gloriam diuinae potentiae munera II, 17
Sumentes dne gaudia sempiterna participatione II, 6
Sumentes gaudia aeterna de participatione sacramenti II, 42
Sumpsimus dne sacramenta caelestia propterea 31
Sumpsimus dne sanctorum tuorum sollemnia II, 15
Sumptum dne caelestis remedii sacramentum II, 9
Supplicationibus apostolicis beati iohannis I, 2
Supplices te rogamus omn. ds ut intercedente II, 12
Supplices te rogamus omnipotens ds ut interueniente II, 31
Suscipe dne quaessumus deuotorum munera 36

T

Te dne sce pater omn. aeterne ds supplices deprec. 81
Te igitur clementissime pater per ihm xpm filium tuum 2
Te lucem ueram et lucis auctorem dne 76
Tua nos dne intercedente beato symeone II, 25
Tua sancta sumentes qs dne ut beati magni II, 39

U

Uenerabilem diem beati confessoris tui zenonis II, 51
Unde et memores sumus domine nos tui serui 9
Ut accepta sint tibi dne nostra ieiunia 46

V

Vere dignum et iustum est aequum et salutare 1
Vere dignum: Cuius diuinae natiuitatis potentiam 17
   Illa quippe festa iam remaneant 29
   Pretiosis enim mortibus paruolorum I, 7
   Qui curam nostri ea ratione moderaris 39
   Qui nos in omnibus informasti 51
   Qui in principio erat aput te deum 18
   Qui saluti humanae subuenire 57
   Quia conpetenter atque salubriter 30, 40
   Quoniam nobis huius sollempnitate 25
   Sancti martini confessoris tui II, 21
   Ut non in nobis nostra malitia 67
Vere quia dignum et iustum est ut inuisibilem I, 18

Inhalt

Appendix I

Reste weiterer Exemplare des Tassilo-Sakramentars

Appendix II

TEXTUS PATRISTICI ET LITURGICI

quos edidit Institutum Liturgicum Ratisbonense

Bisher sind erschienen:

Fasc. 1

Niceta von Remesiana, Instructio ad Competentes. Frühchristliche Katechesen aus Dacien. Herausgegeben von KLAUS GAMBER.

VIII + 182 Seiten. 1964.   Ganzleinen DM 24.—

Fasc. 2

Weitere Sermonen ad Competentes. Teil I.
Herausgegeben von KLAUS GAMBER.

136 Seiten. 1965.   Ganzleinen DM 20.—

Fasc. 3

Ordo antiquus Gallicanus. Der gallikanische Meßritus des 6. Jahrhunderts. Herausgegeben von KLAUS GAMBER.

64 Seiten. 1965.   Ganzleinen DM 10.—

Fasc. 4

Sacramentarium Gregorianum I. Das Stationsmeßbuch des Papstes Gregor. Herausgegeben von KLAUS GAMBER.

160 Seiten. 1966.   Ganzleinen DM 22.—

Fasc. 5

Weitere Sermonen ad Competentes. Teil II.
Herausgegeben von KLAUS GAMBER.

120 Seiten. 1966.   Ganzleinen DM 20.—

Fasc. 6

Sacramentarium Gregorianum II. Appendix, Sonntags- und Votivmessen. Herausgegeben von KLAUS GAMBER.

80 Seiten. 1967.   Ganzleinen DM 16.—

Fasc. 7

Niceta von Remesiana, De lapsu Susannae. Herausgegeben von KLAUS GAMBER. Mit einer Wortkonkordanz zu den Schriften des Niceta von SIEGHILD REHLE.

139 Seiten. 1969.   Ganzleinen DM 24.—

Fasc. 8

Sacramentarium Arnonis. Die Fragmente des Salzburger Exemplars. Appendix: Fragmente eines verwandten Sakramentars aus Oberitalien. In beratender Verbindung mit KLAUS GAMBER untersucht und herausgegeben von SIEGHILD REHLE.

114 Seiten. 1970.   Ganzleinen DM 22.—

Fasc. 9

Missale Beneventanum von Canosa. Herausgegeben von SIEGHILD REHLE.

194 Seiten. 1972.   Ganzleinen DM 28.—

Fasc. 10

Sacramentarium Gelasianum mixtum von Saint-Amand. Herausgegeben von SIEGHILD REHLE. Mit einer sakramentargeschichtlichen Einführung von KLAUS GAMBER.

142 Seiten. 1973.   Ganzleinen DM 30.—

Fasc. 11

Die Briefe Pachoms. Griechischer Text der Handschrift W. 145 der Chester Beatty Library. Eingeleitet und herausgegeben von HANS QUECKE. Anhang: Die koptischen Fragmente und Zitate der Pachombriefe.

In Druck. 1975.

VERLAG FRIEDRICH PUSTET REGENSBURG

DM46.-/6